障害から考える人間の問い｜目次

はじめに　005

謝辞　011

1章　なぜ私たちは障害や人間について問うのか？…013

家族　014

ホッジ　014

心理学　021

政治　027

結論　032

2章　誰が人間であることを許されているのか？…034

脅迫のもとにある人間性　037

人間主義^{ヒューマニズム}　040

旅路　040

ポストヒューマン　049

結論　053

3章　人間の欲望とは何か？…054

欠落　055

帰属　059

つながり　064

結論　071

4章　人間は依存的なのか？…072

中毒　077

新たな始まり　086

5章　私たちは人間でいられるのか？…091

健常主義　095

緊縮財政　097

アクティビズム　103

結論　105

6章　デジタルの時代に人間であるとはいかなることか？…107

デジタルな主体　109

デジタルな運動家　115

デジタルな犠牲者　122

結論　126

結章…128

ベサニー：誰が人間であることを許されているのか？　128

ブレグジット：人間は依存的なのか？　132

Living Life to the Fullest：人間の欲望とは何か？　134

学校：私たちは人間でいられるのか？　138

Twitter：デジタルの時代に人間であるとはいかなることか？　141

文献　146

索引　156

訳者あとがき　159

凡例

- 原書のイタリックは太字に、コーテーションマーク " " は鍵括弧「 」にした。
- 丸括弧（ ）は、著者による補足を示す。原書の注は、脚注とした。
- 段落は概ね原書のパラグラフに対応しているが、日本語としての自然さに鑑み、段落を分けた箇所がある。
- 亀甲括弧〔 〕は、訳者による補足を示す。説明が長くなるものは、◇の記号を添えて脚注とした。
- 引用されている文献のうち、訳書のあるものは参照した。ただし、前後のつながりを加味して訳文を修正している箇所もある。
- 訳書のない文献のタイトルのほか、イギリスの法制度等には、日本語訳初出時に原語を亀甲括弧で添えた。
- 文献の引用と参照は「社会学評論スタイルガイド」に従っている。たとえば、文中の（Goodley & Runswick-Cole 2016: 13）は、Goodley と Runswick-Cole が 2016 年に公刊した文献の 13 ページを参照していることを示す。

はじめに

　この本は20年にわたる研究と執筆に基づいている。個人的な体験談、学術的な文献、SNSとその他のカルチャーにおける語りを盛りこみ、またこれらの話を、学際的な領域である障害学由来の概念と織り交ぜている。データは調査研究や意見記事、公的報告書、心理学、社会学、教育学、精神分析、哲学、そしてカルチュラル・スタディーズのアイディアから集めた。あなたたち読者は、これまで障害学にも、これらの学問領域にも関わってこなかっただろうと思う。しかし、あなたが障害や人間に関する問いに興味を抱くと私は**強く**確信している。私のテーゼは単純なものだ。障害は人間のあり方について理解するというより広い課題に対し、大きな洞察をもたらすということである。この本を通じて、あなたが障害学に取り組む**べきである**ことを明らかにしよう。単に障害について研究することがそれ自体とても重要だからというだけでなく（実際そうなのだが）、21世紀において人間であるとはどういうことなのかを考えようとするとき、障害が多くのことを教えてくれるからだ。

　この本で、私は時宜を得ているだろういくつかのテーマについて書いた。六つの章は人間についての問いを一つずつ扱っている。

（1）なぜ私たちは障害や人間について問うのか？

（2）誰が人間であることを許されているのか？

（3）人間の欲望とは何か？

（4）人間は依存的なのか？

（5）私たちは人間でいられるのか？

（6）デジタルの時代に、人間であるとはいかなることか？

　私は何か面白く読めるものを書きたいというどうしようもない欲望を持ってこの本の企画に取りかかった。陳腐な所信表明だと思うかもしれない。結局、どんな書き手だって面白いものを書こうとするのではないか？　じつのところ、研究者——私もその一味であると時々は認めるところの専門職——というのは、周知のように書き手よりも読み手を優先させるのが苦手である。要するに、研究者はお互いに向けて書きがちなのだ。そしてこの内輪で回していく慣行は、学術的な書き物が、その対象になりたいと人が思うような類のものではないということを意味する（当人が学術的な理論の追求や、知識の産出に関わっているのでもないかぎり）。研究者とエレベーターに長々閉じこめられるのを望む人なんているだろうか？　別に学問が役に立たないと言っているのではないし、研究者が定義上、泣きたくなるほど人を退屈にさせがちということでもない。それはあなたが決めることだ。ここで重要なのは、素晴らしい理論よりも優れたもの、より解放的で洞察に富み、人を癒し、創造的で力強いものはないということだ。にもかかわらず、学術的な理論生成が生み出した〔どちらも研究者の〕書き手と読み手のコミュニティは、お互いに対してしか関わらないという危機に陥っている。だから、私はこの本を、いままでとは違う聴衆を念頭に置いて書いた。少なくとも私が直近の学術書や雑誌論文を書いたときに、キーボードを叩きながら想定していた、いつもの研究業界の聴衆とは異なる人々だ。私が思い浮かべるのは、読書が好

きで、人間のあり方に興味を持っていて、いつもと少しは違うことをしようという退屈な研究者の試みに共感的な、そういう誰かだ。もしあなたが読書好きで、好奇心があるなら、もうそれで十分である。共感までしてくれるなら儲けものだ。この本を書くときには、いつもとは異なる書き手のことも想定していた。人が読みたいと思うようなスタイルで書かれるべき何かを持つ人だ。

　この本が世界と国家の政治における特別な時点に書かれたことを認識しておくことは重要だろう。私はこの本をイギリス保守党の地滑り的な選挙〔2019年イギリス総選挙〕のあとに書いている。いま、あなたの（あるいは私の）政治的意見がどうあれ、私たちの多くがコミュニティ、包摂、社会正義の問題に取り組んでいると言って差し支えないだろう。ここにCOVID-19の世界的なパンデミックが加わり、私たちは困難の多い時代に生きている。この本は、人間が抱える大きな課題のいくつかに取り組み、そして障害をその議論の中心に据えるという試みである。私は欲望、自律、能力、依存、技術について、それらが人間であることの意味にどのような影響を与えるのかを問いたい。そしてその問いに創造的なやり方で答えたい。そうすることで、私たちはどうやったらお互いと建設的に関わり、聞き、理解し合えるのかについて考えることになるだろう。この激動の時代において、コミュニティこそ私たちが必要とするものだ。

　1章では、私たちを障害や人間をめぐる問いに誘うものは何かを問う。障害学が——この領域にいる人々の多くが形容するように——理論的、運動的、そして芸術的なコミュニティならば、私たちはなぜこの領域にやってきたのだろうか？　この疑問は問えば問うほど答えが出てくる。それは障害学の歴史と基礎、野望についての語りだ。これはフェミニスト、クィア、黒人、労働者階級、トランス、そして抑圧の結果として存在し、差別への反応として生まれたその他のラディカルな研究において、共通して問われてきたことだ。障害学に関わるようになるのには

さまざまな理由がある。誰ひとりとして同じ説明をする人はいない。そしてある人が障害学に足を踏み入れるときには、障害について人それぞれの取っかかりがあるだろう。だから、この章では私は障害にまつわる自分の家族のストーリーを書くことによって、障害学という領域を紹介しよう。

2章では、誰が人間であることを許されているのかを問う。人間のカテゴリーの意味についてじっくり考え、誰がこのカテゴリーに入るよう招かれているのかを考える。普通の、日常的で典型的な人間についての理解が、じつのところ信じがたいほど排除的であるということを探究しよう。誰かが包摂される一方で、誰かは排除されているのだ。現在、巷で人気の言説では、憂慮すべきことに、そして嘆かわしいことに、人間のカテゴリーは分断し統治する方向へと——ある人を引き入れ、別の誰かを弾き出す方向へと——書き換えられつつある。その結果は広範囲に及びかねず、恐ろしいものだ。それゆえ私たちの応答は急を要するし、包摂的でなくてはならない。

3章では、人間の欲望という現象を探求する。後期資本主義社会における欲望をめぐる支配的なストーリーは、人は欠いているものを欲するというものだ。権力、承認、地位、金、消耗品、財産、休暇、Twitter〔現：X〕のいいね、ボトックス、Apple の最新モデル、BMW、唇の整形、完璧なパートナー、才能に恵まれた子ども、順調な人生と穏やかな死。これが私たちが本当に望んでいるものなのだろうか？　他のやり方で欲望することができるのではないか？　私は、自分以外の人々や人ならぬ動物とのつながりを欲するものとしてなら、いかに人間の本性がよりよく理解できるのかを探究する。私が提示するのは、日々の物質主義と混同されることのない、より利他的なかたちの欲望を持つことができるということだ。そしてまた、この章でも障害についての語りを参照することを通じて、この課題に取り組む。人間の欲望についてのより建設的でポジティブな

概念、すなわち障害学の核心となる概念を提示しよう。

　人間は依存的なのだろうか？　これが4章の輪郭となる問いだ。依存症、とくにアルコール依存についての議論から始めることとしよう。私自身のアルコール依存の話だ。あまりによく知られた依存の話からは、もっともなことだが、ネガティブな関わりが連想される。それを理解するために、ある物語が語られる。依存の意味を摑むためには、自立の意味をも把握する必要がある。実際、この章が探究するように、自立は当代の流行である。そこでは、私たちはブレグジット、トランプ大統領、緊縮財政と関連した考えを通じて推進されてきた、自律と自足の要求を目の当たりにしている。依存症の話と、緊縮財政、トランプ、ブレグジットについて熟考しつつ、これらをより啓発的な依存についての議論と切り離そう。切り離すこと——他者や何かへの依存を切り上げること——の危険について、また偽りの愛着の問題について書く。そして障害によって、私たちが依存について違ったやり方で考えられるようになることを検討し、どのように依存を望むことになるのかを考える。さらに私たち皆が持つ危うさと、相互依存の欲望をめぐって、いかに私たちが自分自身を組織化するのかについて探る。

　5章では、「私たちは人間でいられるのか？」と問う。障害についての研究は、どこからどう見ても、障害を強調してきた。私たちは障害がますます遍在するグローバルな世界に生きている。いくつかの障害のラベルは一層広まっていて（たとえば自閉症）、『世界障害報告書』（Officer & Posarac eds. 2011 = 2013）（世界保健機関と世界銀行によって2011年に書かれた）によれば、世界には10億人の障害者がいる（世界最大のマイノリティを形成している）。しかし、障害の対義語について私たちは何を知っているだろうか？　そう、能力だ。この概念は、障害が裏で参照しているものである。密かに、そして控えめに、障害の反対側に存在しているものだ。しかし能力とはなんだろう？　できるとはどういうことだろう？　そし

はじめに｜009

てどんな人間の能力に私たちは価値を置いているのだろう？　この章は能力という茫漠とした概念——私たちが真に批判的分析を行うべき現象——を再検討する。それというのも、水面下でネガティブな影響を持ってしまうことに気づかずに、私たちが皆いかにこの言葉をたびたび無批判に使ってしまうのかについて考えるためだ。

　6章で考えるのは次のことだ。すなわち、デジタルの時代において人間であるということは何を意味するのか。いまや30億の人々がインターネットに接続している。豊かな人と貧しい人のあいだには、疑いようもなく、大きなデジタルデバイドがなお存在している。それでもやはり、デジタルな参加は世界中で指数関数的に広がっていて、私たちの多くは、デジタルな世界のなんたるかをすでに知っていると思っている。それは私たちの日常生活のあらゆる場面を覆っているのだ。スクリーン上に明滅する要求や、スマートデバイスからの誘惑的な通知から私たちが離れることは滅多にない。デジタルの世界は私たちを異なった技術的な階層に分断している。接続している人と、そうでない人だ。それでも私たちはタイピングし、ダウンロードし、アップロードし、クリックし、開き、閉じ、また開く。そうし続ける。そしてあらゆる支配的な文化的実践——私たちがすでに知っていると思っているものだ——と同様に、私たちは批判的な見地からその想定を再検討しなければならない。そこで、この章では三つの主題、すなわち「デジタルな主体」「デジタルな運動家」「デジタルな犠牲者」について取り組むことにより、デジタル技術の歴史的・応用的・帰結的側面を議論する。そのあらゆる局面で、私は最初の問い、つまり障害をめぐる問いに戻ってくるだろう。

　最後の章では、この本のキーテーマのいくつかを再訪する。これらのテーマについて、ここ最近のいくつかの出来事を参照し、想像と内省とともにいまいちど考える。2章から6章の内容に沿って、ベサニーの話（誰が人間であることを許されているのか？）、ブレグジットの大混乱（人間は

010

依存的なのか？）、研究プロジェクト Living Life to the Fullest（人間の欲望とは何か？）、学校（私たちは人間でいられるのか？）、そしてコロナ禍における Twitter（デジタルの時代に人間であるとはいかなることか？）について考える。例によって、私たち皆が持つ人間性について考えるための現象として、障害を折に触れて前景化させることになるだろう。

謝辞

　すべての章に時間を割いてコメントしてくれた母、デビー・グッドリーに心からの感謝を。ママ、あなたの見識は信じられないほど助けになったし、洞察に富んでいた。感謝しきれません。とても思考を掻き立ててくれる批判的なフィードバックをいくつもくれましたね。本当にありがとう。心からの愛を。快適に書けるところから外れたスタイルで本を書くように勇気づけてくれたロッド・ミチャルコに熱い抱擁を。ロッド、こういう本になりました。気に入ってくれるといいのだけれど。この本に登場する自分たちのストーリーを形づくるのを手伝ってくれたドロシー・コーベット、メアリー・ドッドミード、ドロシー・デイヴィス、アダム・ワレス、ホレイス・グッドリー、そして彼らとのパイプ役──良き社会主義者であるアルとデブ──のみなさんへ。また過去と現在のハダースフィールドピープルファーストのメンバーのみなさんに。助言とフィードバックをくれたタンヤ・ティクコスキー、キャサリン・ランスウィック＝コール、カースティ・リディアード、パウル・マルティンに感謝を。スリーフォード・モッズには5章での歌詞の引用を Twitter を通じて許可してもらいました。ジェイソンとアンドリューもありがとう。人間の関係性が広がっていく性質のものであることを思い出させてくれた、ロスとデイヴィッド、私の家族に。そしてローザ・キャリアッ

ドとルビー・ハフ・ローソム・グッドリーは、母であるレベッカ・ロー
ソム教授とともに、私に対するもっとも手厳しい批判者であるとともに、
もっとも大事なものであり続けてくれました。

1章　なぜ私たちは障害や
　　　人間について問うのか？

　障害学へと**やってくる**理由は人それぞれだ。一つとして同じ説明はない。そして障害学との関わりについての話は、誰に訴えかけようとしているかに応じて、さまざまな語られ方をする。なぜ私たちは障害についての、また人間についての問いを考えるのだろうか？　もし障害学が作家や政治運動家、芸術家のコミュニティであるならば、何が私たちをここに連れてきたのだろう？　この疑問は、問えば問うただけ答えが返ってくるものだ。この疑問は、障害を研究する人々の意図と野望についてのものであり、フェミニスト、クィア、黒人、労働者階級、トランスと、抑圧の結果として存在し、その応答として発展してきたその他のラディカルな研究においてよく問われているものだ。

　さて、私は研究者として物書きをしている。これは私が20年以上持っている肩書きだ。研究者は悪名高いことに、連帯がルーズで所属がころころ変わる。蝶のように理論から理論へ移っていく人もいれば、カッコウのように他人の家をのっとって自分のものにしてしまう人もいる。一方で、自分が知っている（と思っている）ことについて頑固にこだわり、自分の棲み家に頑として居着く人もいる。特定の理論（ないし世界についての考え方）に情熱的な愛着を持っている者もいれば、方法論的禁制——無批判に自分が選んだ方法論（それが実験であれ、告白的なインタビューであれ）を崇め称え、独創性なくこれに傾倒する陳腐な研究者を表現するた

013

めに、アメリカの社会学者、チャールズ・ライト・ミルズ（Mills 1959 ＝ 2017）が作った蔑称——に堕する者もいる。一方、本当にうんざりして、つまり不正義を感じて、何かをしたいと思って、知識生産の領域、分野、コミュニティ（ときにパラダイムとも呼ばれる）に来る人もいる。たまたまこちらに来た人もいる。探求の世界にしぶしぶ引き抜かれた人もいる。そして大半は、単に共通の価値観を互いに共有しているがゆえに、このコミュニティに慰めを見出している。

　いま思えば、私は**あらかじめ**障害学をやる準備ができていたのだと気づく。そしてこれは私の略歴、すなわち心理学のトレーニングと私の政治的立場から説明がつくだろう。しかし、私の話には、なぜ多くの人が障害学の世界にいるのかについての話と、共通した語りがあるとも思っている。だから、ここ数十年多くの人が探究してきたこの領域へのより集合的な関わりに思いを馳せつつ、なぜ障害学にいるのかという問いに個人的な回答を与えたい。

家族

　障害学は障害と家族に関する私の経験と共鳴している。私の来し方について、少し話をさせてほしい。

ホッジ

　私の祖父が経験した脳卒中は、彼の発語に大きな影響を与えた。彼の存在は私の人生の最初の 13 年にとっての主要な部分である。私が知るのは、独特の話し方をする彼だけだ。そして彼の声は——そして私たち

の関係は——私がどうやって障害と社会に関わるようになったのかについて、大きな役割を果たしていた。まったく知らない人が彼の声を馬鹿にしたのを覚えている。小売店主は——ノース・ウェールズの新聞販売業者だ——彼に向かって大声で叫んでいた。祖父をろう者に違いないと思っていたからだ（彼はそうではなかったが、皮肉にも、彼の妻、つまり私の祖母はそうだった）。私は、家族が彼の発話を理解しようと苦心するのを見ていた。あるとき（イングランドの北西岸にある）ウィットビーの湾港近くで壁にもたれかかってフィッシュ＆チップスを食べていると、近所のティーンエイジャーのグループが彼の話し方を真似てからかってきた。私にとって、彼の話し方は普通だった。何も違いがあるとは思っていなかった。彼はいつもおじいちゃんであり、「ホッジ」（ホレイスの短縮形）だった。フルネームをホレイス・ユージーン・グッドリーという。そして後に知ることだが、彼には「重度発話障害」があった。ああ、なんでもひとまとめにしてしまう医学の言葉だ。さて、不思議なもので、私は家族の中でも彼の言葉を理解するのが得意だった。イギリスのサマータイムの頃のある雨の朝、スカーブラで彼のトレーラーハウスに籠もっていたことを思い出す。私たちはタブロイド紙の最後にあるスポーツ面を一緒に読んでいた。イギリスでは、最終面はいつも決まってサッカーの話題が中心なのだ。私は祖父の視線がグレアム・スーネスの写真のあたりでうろうろしているのに気づいていた。ラフ・プレーヤーを自認する、無敵（ノッティンガム・フォレストが欧州を制覇した 1979 年から 1980 年のあいだは別として）のリヴァプールで中盤を率いた選手である。

「クソ野郎だな」
祖父が言った。
私たちは大声で笑った。
「クソ野郎のスーネスだ」

彼は繰り返した。

祖父がなんと言ったのか、私たちの反対側に座っていた父が尋ねた。

「なんでもないよ」

「なんでもない」

私はホッジの目がきらりと輝いたのを覚えている。彼の意味ありげな
ウィンク。私たちの秘密。

もちろん、彼について語るのに普通と違った発話だけでは不十分だ。
休日にキャンプしていると、毎朝彼はキャンプ場で身体を洗った。どん
な天気でも（イギリス北部の夏はだいたい寒くて小雨だ）彼はシャツを脱いで
きちんとたたみ、それを家族の車の開け放たれた助手席側のドアに掛け
た。彼の印象的な胴体——締まって、筋肉質で、力強い体幹——が顕に
なると、彼はトレーラーハウスの小さいキッチンから借りてきたプラス
チックのボウルから大きな手でむやみやたらとお湯をかけ、石鹸で身体
を洗ったものだ。彼の手のことを人々はよく話題にした。それは労働者
の手だった。ノッティンガムシャーの炭鉱で働いていたあいだに完璧に
形づくられた——あるいは、もしかしたら歪んでしまった——ものだ。
私の父が祖父から継いだ仕事である。

ホッジはアメリカの俳優、バート・ランカスターに似ているとよく言
われていたものだ。ホッジはイギリス軍に17年所属していた。そのう
ちの何年かは戦時中で、彼はその頃の経験について家族とは話したがら
なかった。彼はシンガポールやオーストラリア、北アメリカ、カナダ、
インドといったエキゾチックな場所について話してくれた。そして彼は
その旅路をタトゥーにして、腕や肩に彫っていた。彼は、私にとっては
エキゾチックな生き物だった。しかし道ですれ違う知らない人からして
みれば、彼は口のきけない老人だった。困惑、無視、嘲りの対象。これ
ら私の祖父に対する否定的な反応に、私は内心ひどく苦しんだ。私の怒

016

りと動揺の感情は、40年経っていまもなお私の中にある。不正義の感覚が残っているのだ。私は小売店主の驕った表情を思い出せる。ティーンエイジャーの一人が履いていた黒のトレーニングシューズもだ（アディダスだった）。そして、祖父の恥と屈辱を思い描ける。あの日ウィットビーで食べたフィッシュ＆チップスがいかに絶品であったかも覚えている。これは障害についての、一つの家族の物語に過ぎない。

　しかしここで描いたような感情や経験と似たようなことを通じて、私たちの多くは障害学を学ぶようになるのだと思う。障害は、世界に現れ、差異を生み出す。この障害がつくる差異は、障害学の研究者であるロッド・ミチャルコ（Michalko 2002）の言葉を借りれば、困難、スティグマ、社会的損失として理解されることの多いものだ。障害は私たちの社会的関係において、個人の機能の問題や、社会的な慣習を攪乱する要因とされることがしばしばである。

　障害学はそれゆえ、障害という現象を通じて私たちの関係性を理解するために、障害と調和するアイディアと概念、理論と議論のフィールドとして存在している。いかに障害が問題として構成されるのか、そして重要なことに、私たちが障害についてどう感じ、考えるのかを理解するために、私たちは障害学に誘われる——あるいはみずから物語を携えてやってくる。私たちは怒り、悲しみ、戸惑いの感情ゆえに障害を研究しにくる。私たちは安堵を、明晰さを、希望や連帯を求めている。そして大事なことには、多くの障害者が、自身も住まうこの社会と文化によって厄介者扱いされるという自身の日々の経験ゆえに、障害学にやってくる。意義深いことに、障害を持った研究者、作家、理論家、調査者、実践家、そして芸術家が、障害学に**やってきて**、結果として、彼らの活動を通じて障害学を**つくり上げた**。自分たちが障害学を**やっている**ということに気づいていなかった人もいた。最初から自身の存在についてより明瞭にわかっていて、じきに自分の立ち位置に障害学の看板を立てた人

もいた。もちろん、障害者抜きには障害学は存在してこなかったし、絶対に存在しえない。

故マイク・オリバー（Oliver 1990=2006）は、イギリスにおける最初の障害学の教授だが、また別の草分け的な障害活動家——イタリアのマルクス主義哲学者、アントニオ・グラムシ——の用語を採用して、障害のある運動家を「有機的知識人」と呼んだ。障害者は障害をめぐる自身の物語とともに歩んでいる。それゆえ、障害学は彼ら自身による理論と野望に基づいているという考えを私は堅持している。私は障害のある有機的知識人なしに障害学を構想することは不可能だと思う。しかるに、私の障害にまつわるストーリーは私の社会的立場、地位、経歴を反映している。私の物語を、白人の、中年の、異性愛者の、イギリス人の（ゆえに植民地を支配した側の）、シス男性の、労働者階級の家庭に生まれた中産階級の、障害の診断を受けたことのない子持ちのものだと評する向きもあろう。私の障害についての話を受け売りのものだという人もいるかもしれない。この評価にはある程度同意するところがある。あなたは**私の**家族の物語を読んでいるのだ。語りには**私の**思い出が強く影響している。そして、障害についての物語が私のような人に支配されているのだとしたら問題だと思う。どこにでもあるという障害の性質、まさにそれゆえに、私たちには障害について語ることがすでにたくさんある。物事について——最新の世界的ニュース、Facebook のステータス、インフルエンサーの Instagram の更新、論争的なツイートについて——言いたいことがたくさんあるとき、彼らは／私たちは、これを専門知識、すなわち手近なところにある権威的な見方と混同してしまう危険がある。私の立場と地位を確認しておくのが重要だ。私のことを心身ともに健常で特権階級に居座っている白人という人もいるだろう。そんな特権的な地位を享受していることを認めよう。私が自身の語りを記述するときは常に、ジャマイカの小説家にして哲学者であるシルヴィア・ウィンター（Wynter

2003）の定義するところの制度化、すなわち白人が自身を絶対的な存在とする観点からの制度化を再生産する危険がある。これは良くない。障害という現象との関係や、障害者の生と野望について考えようとすると、私のような非障害者にはたくさんの課題がある。特定の世界の見方は権力のある非障害者によってつくられていることがほとんどで、それらが障害について語られる話を支配してしまうおそれがある。ここで想定しているのは、医師や政治家、司祭、セラピスト、教師、ジャーナリスト、研究者、脚本家、作曲家、映画監督、学芸員、作家などである。障害についてのありきたりでない話が詳しく語られなくてはならない。そして非障害者は、自分たちが語る障害についての話をじっくり考えるのと同じように——あるいはこちらのほうがより大事だが——障害者自身が語る障害の話に耳を傾けなくてはならない。障害学に身を置くことは、新しいやり方で障害に、そして障害についての語られた物語に関わることをともなう。私たちは皆、障害について一家言ある。しかしその話を他者から評価されたことがどれだけあろうか？　批判してもらえる機会があることは、障害学に身を置くこれ以上ない理由である。

　それゆえ、私の物語がたったひとりの人生から、ひとりの語り手によって紡がれたものだからといって無意味なものだとみなすべきではない。また、私に障害がないことをもって私の物語をお払い箱にするべきでもない。私の家族と障害の話は、ある社会的・歴史的時代の登場人物について、またそれらの瞬間に障害をめぐって起きた意味づけについて、多くのことを語っている。家族の人となりについては語りの後景に退いており（父のように）、一方で中心人物に据えられる人もいるけれども（祖父のように）、それ以外の人々はフランスの社会学者、ダニエル・ベルトー（Bertaux 1981）が語りの広範な社会－歴史的地平線と呼ぶところに登場する。ティーンの少年たちや小売店主は、私たちが無視やスティグマ、差別と定義するところの、より曖昧な文化的慣習を受肉させた演者なの

1章　なぜ私たちは障害や人間について問うのか？　｜　019

である。私の障害についてのストーリーを、シスジェンダーの白人男性の話に過ぎないものとしてみくびると、私の物語の、あるいは障害について語られるあらゆる物語の、より広い関係的な内実を見誤りかねない。私の語りを**ただの**非障害者の語り手による物語に過ぎないとするなら、それは私の家族にとって障害がいかに中心的なものだったかに対するひどい誤解である。そして、それは家族が障害に関わり、理解していたそのやり方に祖父が与えていた強烈な影響を侮辱するものですらありうる。私が言いたいのは、私たち**皆が**これまでの人生の一部として、すでに生きられ、語られ、そして時に抑圧された、障害についての数えきれない物語を携えて障害学にやってくるのだということだ。デイヴィッド・ミッチェルとシャロン・スナイダー（Mitchell & Snyder 2000）が思い起こさせてくれるように、障害はどこにでもある。障害学という一派に足を踏み入れる理由の一つは、この遍在性を探究のもとに置くことと関わっている。障害学は、私たち自身の障害の物語について、私たちが探究したくなるよう背中を押してくれる。

　障害者やその代表的な組織が、障害について語り直すやり方を先導してくれているが、私のような非障害者に楽をさせてはいけない。障害の物語を分析の対象とするのはまったくもって私たち全員の義務なのである。非障害者にとって、障害にまつわる自身の理解や概念、偏見、心配ごとを紐解くことは、とりわけ存在論的な義務（あるいは個人的、主観的、心理学的な優先事項）なのだと断言しよう。なぜか？　それは単純に、非障害者による障害についての物語は歴史を通じて障害者に対して強い影響力を持ち、計り知れないほど問題含みであってきたからである。非障害者の中には、障害者の生とは縁がないと思っている人もいるかもしれない。障害学はこの考え方に断固として反対する。非障害者は、是非はさておき、障害を——そして私たちの障害についての理解を——世界に生み出す支配的な文化の中心にいる。私たちの中でも、非障害者には障

害という現象と自身との関わりを認める道義的な責任がある。そして、障害について語ってこそ、私たちに共通の人間性が明らかになるだろう。

心理学

　私は心理学者から更生して障害学に来たのだとも言える。半分は冗談だ。30年前、当時はマンチェスター専門学校として知られていたところ〔現在のマンチェスターメトロポリタン大学〕で、私は心理学の学位取得課程に身をやつしていた。マンチェスターに引っ越す2週間くらい前まで、リーズで歯科医になる訓練を受ける準備は万端だったのだ。しかし、もうすぐ芸術学校に入る予定だった当時のガールフレンドが、私の考えを変えさせた。私と歯科学の関係は、始まってもいないのにお先真っ暗だと彼女は確信していた。「歯科学はあなた向きじゃないと思う」と彼女は囁いたのだ。あるいは、歯科学は馬鹿げたひどい考えだと言ったのかもしれない。私は彼女がなんと言ったか正確には思い出せない。それでも、私は始まったばかりの恋が持つ息の詰まるような猛烈さのなか、自分がやるべきことは白衣を纏って歯を抜き笑気ガスを与えることではないのだと結論づけることになった。読者は職業選択にあたって下調べがまったく足りないと言うだろう。

　他人の口腔をあちこちいじることを運命づけられた職業に就くことは、私は即座に認めたが、とても恐れていた未来ではあった。5年の大学課程はとてつもなく長いものに思われた。想像上で担当する患者の口臭も懸念された。当然ながら落胆し信じられない様子の両親に、オーラルケアのキャリアを追究するのではなく、心理学を学びに旅立つことを宣言して、私は1990年9月のマンチェスターの地に降り立った。まさに「マッドチェスター」、ハッピー・マンデーズ、ザ・ストーン・ローゼズ、

1章　なぜ私たちは障害や人間について問うのか？　｜　021

エクスタシー、そしてハシエンダが流行の最中であった◇。心理学という代案は、私の数学の先生が選んだものでもあった。いま思い出すとかなり縁起の悪い口調で、心理学は９割が女子学生であり、学士号の取得を目指すなら最適だと彼は論じたのだ。だから私はそこにいた。マッドチェスターに。自信に満ちた傲慢さでみずからを世界に知らしめた都市だ。神はマンチェスターを創った。第７日である。

　そしてそこで、私はもっとも身近で最愛のものの心理を測る準備を整えたのだった。

　課程の初日、当時の学部長、専門職然としたいい人であるところのバニスター先生が何か質問はあるかと学生たちに尋ねた。

　私は挙手した。
「はいあなた、いまいちなバンダナでニキビ顔の」
バニスター先生が指名した。
「心理学ってなんですか？」
私はもごもご言った。
「あぁ、永遠の謎ですね」
バニスター先生は答えた。
「そして哲学的な問いでもある。そして間違いなく、課程の中でいつも戻ってくるものでもある」
　少なくとも彼はそう言ったと思う。もう用はないと言わんばかりの小

◇マッドチェスターは1980年代後半にマンチェスターから生まれたロック・ムーブメントの名称。ハッピー・マンデーズとザ・ストーン・ローゼズはこれを代表するバンド。この流行は合成麻薬であるエクスタシー（MDMA）と不可分の関係にあった。ハシエンダは流行の中心地となったクラブ。

言を彼は言い終えた。残された私たちは講義室を出て、とても手頃な値段のぬるいラガーを消費すべく学生バーへ向かった。

　思い返すと、バニスター先生からそんな雑然とした回答があると私が予期していたとは思えない。正直なところ、その晩に学生寮の公衆電話で母と話すときに使えるような端的な定義がほしくて質問しただけなのだ。両親はこの質問で数週間も私を問い詰め、私はすぐに言える答えをまだ持っていなかった。心理学との出会いが幸運な偶然だったというのは控えめな表現になってしまうかもしれない。しかし、あとになって思えば、私の学位の選択は神の祝福であった。知る由もなかったが、マンチェスター専門学校はまさにそのとき、マルクス主義、フェミニズム、ラディカル教育学、コミュニティ・アクティビズム、精神分析学の拠点であった。それらは——不安を掻き立てるように激しく食い違うときもありながら——認知や発達、社会的・生物学的観点といったより主流の心理学と混ざり合っていた。3年間の——適度なアルコール、ドラッグ、パーティーと完璧にバランスが取れていた、といまは思いたいが——勉強によって、心理学に対するとても批判的な理解が得られた。この短いあいだに研ぎ澄まされた知識は批判的であったがゆえ、心理学がなんの役にも立たないのではないかと、私はそのトレーニングの早くから疑い始めた。この課程はまた、自然なこと、常識的なことであるかのように自分たちを喧伝する考えや知識に対する、完全な不信感を私に植えつけた。

　これがことの次第である。
　いつも私たちはこのようにしているのだ。
　人間の本性ゆえに、私たちは本質的に強欲である。
　ダウン症のある人は幸せでのんきな人たちである。

1章　なぜ私たちは障害や人間について問うのか？ | 023

自閉症の人は他人とつながるのがうまくない。

普通学校は重度障害のある子どものために設計されていない。

小学校の教室に適応できない子どもは典型的に ADHD と関連のある行動を呈している。

盲目の人には超人的な聴力がある。

ブレグジットとはブレグジットである。

すべての子どもは認知的発達において同じ段階を経る。

幼少期は無垢さと同義である。

　大学の書店で買った古本の教科書は、心理学を「精神と行動についての科学的研究」と定義していたが、3年しっかり勉強しての私の理解は「心理学とは人間についての、他よりは多少もっともらしい話のコレクションである」と「心理学は資本主義と家父長制のおまけに過ぎない」のあいだを行き来していた。先述のように、課程は急進派によって舵取りされていたのだ。私は最後のコースの最終授業の終わりに、バニスター先生が現れて私たちにこう言うのを半分期待していた。「結論としましてはね、みなさん。みなさんほど怪しげなものはないですよ」

　この心理学見習い期間がもたらした結果の一つは、それが私を障害学に引き合わせるのに役立ったということだ。それは頭が柔らかくて気さくな何人もの研究者が個人の蔵書を貸してくれたことによる。私は、ロバート・ボグダンとスティーヴン・テイラー（Bogdan & Taylor 1976）、マイク・オリバー（Oliver 1990 = 2006）、ジェニー・モリス（Morris 1991）、コリン・バーンズ（Barnes 1990）といった研究者の書いたものに興奮した。当時は知る由もなかったが、北米やイギリスのこれらの書き手は、黎明期の障害学の一部だったのだ。私は、障害を社会的な問題として位置づけた障害のある研究者（モリス、バーンズ、オリバーのような）の視点を学び始めた。私は、学習障害◇（ないし、当時は悪意に満ちた定義をされていた

024

精神遅滞）というラベルを貼られた人について人々が持っている、広く
文化的に共有された想定に疑問を投げかけた社会心理学者（ボグダンとティ
ラーのような）とめぐりあった。私は、自分が障害をどう理解している
のかをいまいちど考えるように促されたのである。

　私が障害のラベルのもとに人々を一緒くたに理解していたか？　いや
まぁ、そんなこともない。そうでなければ、祖父を言語障害のある人と
しか定義しなかっただろう。

　普通の学校や職場、地域のお店に障害者がアクセスできないのは、個
人の問題に帰着すると思っていたか？　違う。祖父の生活における最大
の障壁は、他の人が彼に向けるくそったれな態度であるように私には思
われた。

　私が学んだのは、この障害についての語り直しが、新しいアプローチ
を象徴するものであるということだ。すなわち、障害の社会モデルであ
る。医学的な診断や精神疾患について語るときにしか障害に言及しない、
認知や神経に傾倒した心理学の講師たちと対照的に、（モリスやオリバーと
いった書き手によって表明された）社会モデルは議論をひっくり返していた。
障害は社会によってつくられると主張したのだ。そして障害者はインペ
アメント〔機能障害〕ではなく、インペアメントのある人に配慮し包摂
することのできない社会の無能力によって無力化されているというので
ある。

　「いいこと言うじゃん」
　私は称賛を胸にそう思ったことを覚えている。
　こうした障害学の書物は、私が心理学課程を通じて、また祖父と経験

◇イギリス英語における学習障害（learning disability）は、日本語の知的障害
や発達障害、その他の認知機能のインペアメントを含む意味の広い語である。

した世間とのやりとりにおいて熟知することになった、発達と異常についての心理学的視点によってつくられた望ましくない障害カテゴリーと鮮烈な対比を成していた。私が受講した心理学のほとんどは、障害者を人間以下の、異常な、逸脱した、欠陥のある、壊れた存在としていた。心理学に元来の、人間の中に欠点を見出す傾向は私との折り合いが悪かった。この類の心理学は、祖父や私の人生で関わる他の障害者について、あまりポジティブなことは言わないだろうと考えていたことを覚えている。そしてこの気まずさは、障害者は劣った人間なのだという広く流布した考え方に抵抗していた、障害のある書き手の議論を読んでいや増した。主流の心理学の文献において、障害者は認知的インペアメントや神経学的損傷、あるいは治療の必要性を持つ軽んじられた患者の典型として表象される一方、モリスやオリバーといった人々の本では、障害者は知の権威として再登場するのだった。政治運動家として。権力に対して真実を述べる人として。

　このように知識を生産する能動的主体として障害者を再定義することは、マンチェスター専門学校の心理学スタッフたちの中でもより急進的な人々のアクティビスト的な観点とよく合うものだった。そして、私を教えたそうした講師陣と私が読んだ障害のある書き手たちは、必修の生体心理学や認知と科学的方法の科目群に出席しなければならなかった頃に私が従属させられていると感じた主流の心理学者を横目に、居心地が悪そうにしていた。しかしこうした知の権威たちは皆、いかに障害を見直せるのかを考えるように私の背中を押してくれた。つまり、医学的・心理学的問題としてではなく、人間のあり方を再考するための機会としてだ。主流の心理学が私に残したのは、空っぽの人間像だった。障害のある書き手とマンチェスター専門学校の急進派たちは、そこにより人間的な可能性を注ぎ、満たしてくれた。そして、これが障害学からの贈り物の一つであると私は言いたい。つまり、より人間的で人道的な可能性

をくれるということだ。心理学は私を障害学と関わるほうへと押しこんだ。心理学の文献（そこでは差異が即座に異常性として名づけ直される）に氾濫していると思われた、人間の差異についてのよりネガティブな考えに私が不安を覚えたのと同じくらい、その不安は新しいコミュニティ（障害や差異、祖父のような人々がより心休まるような場所）のメンバーになることを私に切望させた。障害学は私の前に現れ、心理学から更生するきっかけになった。私の人生において、大事な人とともにずっと生きるために、私が続けている更生。私たちの多くが、障害とともに、障害のそばで、生きている。

政治

　マルクス主義に目覚めた若く熱心な学生は、私が最初でも最後でもないだろう。エンゲルスが住んでいた家（ソルフォードにあるのだが）に行ったときの話や、伝えられるところでは彼が数パイント飲んだとされるグレープス・パブリック・ハウス（こちらもグレーター・マンチェスターにある）に私が足繁く通った夜のことで、あなたを楽しませられたらよかったのだが。現実はというと、1990年代初めに私が住みこみで働いていた1パイント1ポンドの学生バーへの道すがら、私はそれらの歴史的建造物の前をそれと気づかずに何度も通り過ぎていた。私は社会主義労働党の学生協会に短いあいだ所属していたことを誇らしく振り返ることができる。正直に言えば、私は数カ月の短いあいだに、数人の攻撃的で声の大きい口ひげの若者たち、少なくとも私にとってみれば皮肉にも、パブリックスクールに寄宿していた10代のうちから『共産党宣言』の知識を研ぎ澄ませた彼らに、うんざりしてしまっていたのだ。

　にもかかわらず、マルクス主義への目覚めは私にとって革新的であっ

1章　なぜ私たちは障害や人間について問うのか？　｜　027

た。搾取、疎外、市場諸力、虚偽意識といった概念は、学位取得課程での
より急進的なクラスでは当たり前のものだった。そして果てしなく息
もつかせぬ学生同志との議論は、人間の本質は深く社会学的な根を持つ
ものだという感覚を私に植えつけた。この社会学（社会が主たる分析の焦
点となる）と心理学（その主流派の方法では個人が研究対象だと主張される）の
衝突は、私の中で大きな葛藤を生み出した。心理学的な成長と発達を論
じることは、それがとても不平等な世界で起こっているときに、いかに
して可能だろうか？　障害学の文献は、少なくとも私にとっては、人間
のあり方について私が持っていたこうした不確実性の感覚に応えてくれ
るものとして、1990年代のイギリスにおいて芽を出しつつあった。心
理学の問題の一つは、それがあまりに頻繁に、みずからを非政治的な学
問として提示してくることであった。心理学がみずからを科学として売
りこんでくると、そこには客観性という足かせが掛けられる。真の知識
とは公平で現実世界の問題（祖父が耐え忍んでいた障害のスティグマ化のよう
な）から距離を取っているものだという純粋主義者の考えは、障害学の
研究者からの異議申し立てを受けた。こうした良き障害の研究者たちは
大学で研究するだけでなく、障害者に対する差別を禁止する法律がない
ことに抵抗すべく、障害を持った仲間たちと路上に出て連帯した。不意
に、小売店主やアディダスを履いたティーンエイジャーが祖父を軽んじ
ていた様子に筋が通った──より広い社会的な病理の症状として理解さ
れた。障害者に対する抑圧である。

　興味深いことに、私が出会った多くのマルクス主義に傾倒した学生は、
障害について決して言及しなかった。彼らは階級意識や女性に対する差
別と労働力との関連についてはよくわかっていたし、民族差別を西洋資
本主義の拡大にともなうより広範で歴史的な植民地支配のプロジェクト
の一部として理解しようとしていた。障害はその不在によって際立って
いた。対照的に、マイク・オリバーの1990年の著書『障害の政治』は、

この穴を埋めるものである。彼は障害に対する抑圧にマルクス主義的な説明を明瞭に与えた。資本主義社会において、その多くが労働に適さないとみなされる障害者は、医学的・心理学的介入の対象となる人々という階級へ追いやられる。障害者は専門職という成長産業の対象になるのだ。そして今日に至るまで、こうした専門職の多くは治療とリハビリテーションを通じて障害者を正常に戻すという作業に取り組み続けている。障害者は福祉専門職の受動的な対象とみなされ、社会の周縁に追いやられる。すべての良き社会主義者と同様、オリバーはこう答えた。歴史的にインペアメントのある人を排除してきた——あるいは無力化してきた——抑圧的な構造を解体すること。

ジェニー・モリス（Morris 1991）の 1991 年の好著『偏見に抗する自負〔Pride against Prejudice〕』で、彼女はフェミニストがその障害のある姉妹たちを無視している恐れがあると論じている。障害のある女性と障害のない女性は、家父長制の社会において多くの性差別の経験を共有しているけれども、障害のある女性は二重の災難に見舞われている。障害差別とつながった性差別である。障害差別は——また別の障害のあるフェミニストであったキャロル・トーマス（Thomas 2007）の造語だが——これも障害学が提示した概念の一つだ。障害差別という概念により、身体的、感覚的、認知的インペアメントを持つ人がその身体・感覚・認知の差異ゆえに周縁化されているということが認識される。私たちが、民族やジェンダー、セクシュアリティ、階層を、より広い不平等のプロセスと深く関わる人間の差異として政治的に捉えるのと似たかたちで、障害について考えることを後押ししてくれる点で、障害差別は強力な言葉だ。障害学は元来政治的なのである。

さて、障害のない人は（障害のある人と同じように）、障害に興味をそそられるということがますます明らかになってきた。興味は必ずしも悪いものではない。無関心でいるよりも関わりがあるほうがいいのだ。障害

1章　なぜ私たちは障害や人間について問うのか？ | 029

学はこうした興味を政治的なかたちに整形するよう促してくれる。そこで、障害についての疑問をいくつか尋ねることとしよう。たとえば、

- なぜ障害者は二級市民であるかのような思いをさせられているのか？
- なぜこんなにも多くの障害児が普通学級にいないのか？
- なぜ障害者にはポジティブなロールモデルがいないのか？
- どうしたら大統領選の遊説で障害のある記者を真似して馬鹿にしたドナルド・トランプが野放しになり、選挙にも結局は勝つことになるのか？
- どうして「知恵遅れ」はイギリスの若者のあいだでよく使われるきさおろし言葉になっているのか？
- なぜ障害は主流のお笑い芸人の手近な標的になるのか？
- 障害のない人が障害のある知らない人に近づき、「なんで車椅子に乗っているんですか？」「どこが悪いんですか？」「なんで障害者になったんですか？」「車椅子に乗っててもセックスはできるんですか？」と尋ねるのはなぜなのか？
- 障害のある若い人についての悲劇的なストーリーをたくさん伝えるBBCの「ニーズのある子どもたち」という番組を障害者はどのように受け止めているのか？
- なぜ私たちの多くが「自閉症」とか「自閉症スペクトラム」といった言葉を、あたかもずっとそういう語彙があったかのように乱用しているのか？

　障害学にやってくる理由の一つは、障害に対するもともとの好奇心を政治化することにある。この関心は、もちろんより一般的で文化的な関心の一端である。他の人間について、とくにその集団の中の差異や変異

に気づくなら、関心を持つのは至極人間的なことである。しかし、この世界において人間には差異があると知らされ、それを通じて私たちの関心が形成されるのは、常に複雑なやり方を通じてである。

　この本を書いているいま、人間の差異についての感覚はかつてないほど顕著になっている。私たちは政治的激動の時代を生きているのだ。オルタナ右翼ポピュリストの政治的意見の台頭——欧州や北米、ラテンアメリカでの保守政党の急激な繁茂と要約される——は、こうした人間の差異を前景化した。これらの出来事については、あとでまた論じるとしよう。ここでは、人々のあいだの差異はいまになってかつてよりも顕著になったということで、歴史を書き換えることがないように注意すべきだと忠告したい。シルヴィア・ウィンター（Wynter 2003）が述べるように、（のちにアメリカ合衆国と名づけられることになる）亀の島に白人が到着するやいなや、いまに至るまで感じられている植民地化、白人至上主義と民族差別の時代が幕を開けた。アフリカン・アメリカンと亀の島の先住民族は、この植民地としての歴史という負の遺産とともに生きている。それゆえ、21 世紀はどうも人類が自分たち自身を貶め始めた時代であるなどということは、差別の時代があったことを無視しているのである。今日、私たちはそれぞれに異なる分断と不平等の歴史を背負っている。民族差別はいつだって存在してきた。障害者も抑圧の歴史という負の遺産とともに生きている。障害者は彼らも住まう社会によって特異なかたちで役割を負わされてきた。神々や霊にまつわる好奇の的から、遊び心や陰謀を感じさせる人物、そしてビル・ヒューズ（Hughes 2003）が言うところの、私たちのコミュニティにおけるはみだし者、村の変人、地元の魅力的な人たちといった身近なよそ者という役割だ。いかに障害が知られるようになったのかをめぐる単一の起源を探そうとするのは徒労に終わるだろう。唯一言えるのは、障害はその複雑性を説明するのに役立つかもしれない多くの物語を持った、とても複雑な現象なのだというこ

1章　なぜ私たちは障害や人間について問うのか？　031

とだ。私たちが障害について集めようとしている理解の共通項は、障害を政治的に理解することであると主張しよう。しばしば乱用されているフェミニストのマントラ──個人的なことは政治的なことである──は障害や人間についての問いに取り組むという私たちの旅路において、心に留めておかなければならないものの一つである。障害は、それが人間の差異につきものの不平等を示しているがゆえに、元来政治的なのだ。いかなる障害の心理学的説明も（たとえば無力化されているということがどういうことか）、哲学的な考え方をともなわなくてはならない（障害がしばしば人間性の欠落というかたちで表現される理由を説明するといったように）。

結論

この章を書いた私の狙いは、読者を障害学という領域に出会わせることであった。障害についての理解を根本的に改革してきた芸術家の、政治運動家の、そして研究者の領域だ。障害とはすぐれて人間的な現象である。いろいろな意味で私が思うに、ホッジ爺さんは彼なりのうまいやり方で障害学をやっていた。彼は言語障害とともに生きることがどういうことか、そのニュアンスを家族に教えていた。私たちは、彼のインペアメントが即座に人間としての欠点と等置されてしまう社会の中を歩んでいくという難題に直面させられた。彼がしばしば強く痛みをともなったやり方で私たちに示したのは、この社会がまさに 1970 年代のリヴァプールの力強いミッドフィールダーのようなものだということだ。暴れ者で、人を苛立たせ、品がなく、威圧的で、容赦がない。しかし、ホッジのユーモアは、人生が可能性に満ちたものでもあることを気づかせてくれる。そして障害学は、人生から私たちにもたらされる、最悪のことと最高のことに相対するのを助けてくれる。

だから、私はこの本で障害について、そして人間をめぐる問いについて、よく考えることに取り組もうと思う。それはこの世界でともに生きるための資源として、いかに障害学をよりどころとできるのかを考えるためである。

2章 誰が人間であることを
許されているのか？

　2019年7月14日だった。その朝、私は日記を書くのに2時間かけていた。書くことは私の愛することリストの中でも（料理、ケーキを食べること、旅行、日光、友だちや家族と出かけることと並んで）一番上に近いところにある。私はその朝に読み、以下にコピー＆ペーストしておいた二つの文章について思いをめぐらせていた。私は書きながら読むのが好きだ。この二つは切り離せないと思う。そもそも、世界には私より優れた書き手がいる。そして、世界について考えるには、世界についてすでに書いてきた他者が必要だ。一つ目の文章は、ヴェトナム系アメリカ人の詩人、エッセイスト、そして小説家——オーシャン・ヴォン——の素晴らしい小説『地上で僕らはつかの間きらめく』からの抜粋で、もう一つはアメリカ大統領その人の、お察しのように、彼のTwitterアカウントからの引用だ。

　　僕はリサーチをしているときに、一八八四年のエルパソの「デイリー・タイムズ」紙の記事を読んだ。白人の鉄道労働者が名前のない中国人を殺した事件で裁判にかけられたという記事だ。訴えは最終的に棄却された。ロイ・ビーン判事が引用したテキサス州法は、殺人を禁じる一方で、人間を"白人、アフリカ系アメリカ人、メキシコ人"と定義していた。名前のない黄色い身体は、

紙切れに記されたどの枠にもあてはまらないので、人間ではない
と考えられた。自分が何ものかを述べる選択肢を与えられる前に、
人は時に存在自体を消されてしまう。存在するかしないのか。そ
れが問題だ。……たしかにそれは問題だけれども、そこに選択の
余地はない。（Vuong 2019 ＝ 2021: 78-9）

　興味深いことに、政府がまったくもって完全に大失敗している
か、（機能しているとしても）最悪の、腐敗しきった、無能な政府を
抱えたどこかの国からやってきた「進歩的」な民主党の女性議員
たちが、いま声高に…
　…悪意をもって、地球上でもっとも偉大で力強い国であるアメ
リカの国民に向かって、私たちの政府がどう運営されるべきなの
かを言っている。お国に帰って、完全に壊れて犯罪が蔓延（はびこ）ってい
るその元いた場所をなんとかしてみたらどうだ。それで戻ってき
て、どうやったのか教えてくれ…（@realDonaldTrump 14 July 2019
Twitter）

　これらの文章は、どちらもそれぞれのやり方で、私をハッとさせ現実
に立ち返らせる。引用はどちらも困惑するほど馴染み深いものだ。それ
らは日常に浸透していると思われる感覚の象徴である。私たちが政治的
に有毒な時代に生きているのは言うまでもないことだ。トランプの選挙、
オルタナ右翼の興隆、右派ポピュリズムの台頭、イギリスでのブレグジッ
ト投票の悪影響などは、こうしたトラウマ的な時代の証左である。しか
し私たちはここで、2019 年は人類最悪の時代であると言うのに慎重で
あるべきだろうか？　かつても同じことがなかったか？　人間性は、人
類の歴史の中で幾度も脅迫のもとに晒（さら）されてきた。今日の政情で不安
なのは、いつもながら、一部の人々が他の人々よりもより不安定な立場に

2章　誰が人間であることを許されているのか？ ｜ 035

置かれているということである。より権利と特権に恵まれた人がいる。不平等に害されることがないかのように生活を続けられそうな人々がいる一方で、価値を切り下げられる人もいる。イートン校に通い、オックスブリッジから国会へ、はてはどこか責任ある CEO へと揺るぎなく直線的な人生を歩む人にとって、ブレグジットはお遊びに過ぎないようだ。そんな特権のない他の人にとっては、ブレグジットの影は家庭を壊し、仕事と年金、治安への心からの不安を引き起こした。そして、このとても不安定な時代では、一部の個人と集団がこの世界に存在する権利に対して疑問を突きつけられているようだ。つまり、彼らが人間とされることに疑問が呈されているのである。先の抜粋がそれを示している。人種、民族、伝統が、人間であろうとするその人の主張において大きな役割を担っており、そしてまたそれらのカテゴリーが、その主張が見過ごされることにおいて大きな役割を担っている。この不安定な集団は障害者によって占められていることがあまりに多い。

　この章では、人間のカテゴリーの意味を、そして誰がこのカテゴリーへのアクセスを許されているのかを考える。普通で日常の典型的な人間についての理解が、じつのところとんでもなく排除的であるということを探っていきたい。包摂される人と、排除される人がいるのだ。現在、（アメリカ大統領だけによらず）巷で人気の言説では、憂慮すべきことに、そして嘆かわしいことに、人間のカテゴリーは分断し統治する方向へと——ある人を引き入れ、別の誰かを弾き出す方向へと——書き換えられつつある。その帰結は広範囲に及びかねず、恐ろしいものだ。ゆえに私たちは思考を奪われることなく、しかしすぐさま応答しなければならない。

脅迫のもとにある人間性

　ポール・ギルロイはイギリスの歴史学者で、キングス・カレッジ・ロンドンの英米文学の教授である。彼のライフワークは、民族差別を解釈しこれに挑むことに捧げられている。彼は 2018 年の論文において、「危険に晒された人間性を度重なる破滅から」私たちがいかに救い出すかというとても重要な問いを投げかけた（Gilroy 2018: 19）。この世界の複雑性——トランプに受肉した政治的なポピュリズム、世界中で明白な政治的右派の考えの再登場、そして気候変動への不安などがよい例だ——と格闘している多くの公的な知識人と同様、一部の人が他の人よりも危険に晒されていることを示す根拠に、ギルロイはショックを受けている。どこから時計の針を動かし始めるか——どこを人間の苦しみの出発点とするか——は、その人の政治的立場と興味によるだろう。黒人の政治運動、たとえばアメリカやカナダにおけるそれは、黒人の抑圧に由来し、それは大西洋奴隷貿易と欧州の白人による亀の島の植民地化にまで 遡る。北米を訪れることは、深く人種化された社会を体験することである。人種化とは、私たちのアイデンティティが人種によって形成され、定義される様のことを指している。北米は移民の国だと——しばしば俗に表現されるように——言ってしまうと、この「新しい国」がつくられた足元にある不平等を無視する恐れがある。現代のアメリカはその暴力的な歴史に苛まれている。すなわち、欧州の白人による先住民の虐殺と、その労働力が何世代もの植民地入植者によって搾取された多くの黒人の奴隷化である。そしてこの歴史の中でこそ、特定の集団の人間性が高く価値づけられたり、低く価値づけられたりしてきた足取りをたどることができるのである。ギルロイのような研究者によれば、黒人、ヒスパニッ

ク、代々の非欧州系、女性、クィア、労働者階級といった人々は差別の根深い歴史について考えることができる。そしてこうした歴史は今日において顕在化し、これらの人々が低く価値づけられていることを明らかにしている。簡潔にいえば、ある人々が人間とみなしてもらえる一方で、別の人々はこの捉えどころのないカテゴリーにアクセスすることを否定され続けているのだ。奴隷化とは、組織的な非人間化である。民族差別は、ある民族は他の民族よりも優れているという古い言い回しに基づいている。価値ある人間性を狭い範囲にしか認めない民族差別的、性差別的、階級差別的、外国人嫌悪・同性愛嫌悪的な偏見については大量の文献が書かれてきたけれども、障害はしばしばこれらの批判的記述から抜け落ちている。

　障害は、たとえば社会階層とは違って、この世界に自然現象であるかのように現れる。社会階層に関する抑圧については容易に理解できる。貧困線上で生きている人々について考えてみよう。低賃金の仕事、ひどい住まい、選挙権のない地域と悲惨な貧困は、社会における周縁的な位置を明瞭に示す物質的な現実である。私たちはこうしたものを知っているし感じている。

　金持ちはより金持ちに、貧乏人はより貧乏に。
　都市の中でも貧しい人が住んでいる特定の場所は、退廃し続ける。
　福祉、健康、医療サービスは、私たちのコミュニティの周縁で生きている人たちのニーズを満たし損ねている。
　裕福な人は、民間の優れたヘルスケア、保険、年金の積み立てにアクセスする。貧しい人は杜撰な管理と資金不足を経てひどく縮退した福祉システムに頼っている。

　次から次へと世代が貧困の渦に引きずりこまれ、私たちの階層制度の

不公正さがこれほど鮮明になったことはないだろう。そしてこの現実は巷間の常識となっている考えに疑問を抱かせる。たとえば、私たちはその能力を学び、働き、消費することに用いるだけで、皆が成長し自身の能力を高めることができるという想定——メリトクラシーとしてよく知られる——は、まさに貧困が現に存在しているということによってまやかしであることが露呈している。読者は社会階層を根深い対立を引き起こす現象として「理解」するだろうという知識を持って、私はいまこう書いている。

　私が心配するのは、障害が不平等という観点からはこれほど容易に理解されないことがままあるということだ。障害は、私たちが社会階層について考えるときと同じような場所を占めることはない。むしろ、障害は医師やソーシャルワーカー、心理学者、精神科医、教育者によってもっともうまく扱われる、生物学的失敗、自然淘汰の悲劇的欠点、人間の生理の機能不全、そして脳の機能〔不全〕として理解されることがあまりに多い。しかし、私は障害学の研究者として、障害者の人間性が危険に晒されているのは、この社会や文化が障害の存在に対応してきたそのやり方に原因があると学んできた。簡単にいうと、障害者は現代社会で人間として承認されるためにもがいているのだ。しかしここでのいいニュースは——人間のあり方についてのすでにむしろ陰鬱な姿を、それでも私が描き続ける理由の一つだが——障害者とその仲間たちは、その人間性を回復しようと主張するだけでなく、**人間であるということが何を意味するのかについて、より創造的に考えるように私たち皆の背中を押してくれる**ということである。この創造的な仕事は、鍵となる哲学（人間主義（ヒューマニズム）と呼ばれる）を中心としており、他のあり方（ポストヒューマンと表現されてきた）を含むところまで波及していく。たしかに、人間性は危機に瀕しているが、障害は度重なる破滅から私たち自身を引きずり出すようなコミュニティを生み出すのだ。

人間主義 <ruby>人間主義<rt>ヒューマニズム</rt></ruby>

　この節を書いているとき、私は人間のなかでも危険に晒されている人たち——知的障害とラベリングされた人たち——との出会いについて考えさせてくれたオーシャン・ヴオンの素晴らしい考察と触れ合いつつ、トランプのツイートに尻ごみしてしまった。そしてある場所（列車）、ある出来事（会議への旅）、ある瞬間（つながりと断絶）の記憶が呼び起こされた。ところで「知的障害」のラベルは、精神薄弱や精神遅滞のような古臭い言葉を置き換えた言葉だ。言葉遣いは移り変わったかもしれないが、行き着くところは変わらないままだ。

旅路

　11時53分ハダースフィールド発、ヨーク経由エディンバラ行きの電車を予約しておいた。私たちは11時20分には指定のホームに着いていた。私は、旅の仲間たちが持ってきた五つのスーツケースのそばに立っている。1番ホーム。エリザベスはホームの端から端へせわしなく動き回っている。彼女は暖かな天気に喜んで、大声を上げる。

　「雲ひとつないね」
　彼女は高らかに言った。

　アシフはへとへとのようだった。彼は朝早くから青空市場の露店で忙しく働いていた。彼は靴と野菜のあいだで行ったり来たりする。彼は生

まれながらの営業マンといった熟練した動きで、サラダの盛り合わせと
新しいジョギングパンツを同じお客さんに提供することもしばしばだ。
ケンとジャッキーは——付き合い始めて日が浅い頃だった——駅舎のカ
フェのドア近くのベンチで日向ぼっこをして、恋患いの笑顔をちらちら
と交わしていた。手足が長く立派な巻き髪のピーターは、手に入れたば
かりのお菓子の袋をじっと見ていた。彼は右手に大きなカプチーノを
持っていた。

　エリザベスがやってきた。
「ねぇ、いまからどれくらい？」
　彼女が尋ねた。
「1時間半」
　私が答える。
　彼女は私の腕を摑んで眉をひそめる。私はじれったさを彼女と分かち
あった。

　やっと列車がやってきた。私たちは夢中でC号車に向かった。カバ
ンはすでに臭いトイレ近くの荷物棚に積まれた。エリザベスとアシフ、
ケン、ピーターはテーブルを囲んだ座席に陣取った。列車が出発し、私
たちを右へ左へ乱暴に揺らした。私はみんなが予約通りに座っているか
席を確認した。

　万事よし。しかし私はこういうのが苦手だ。友人たちが私を評して曰
く、無秩序と混沌。彼らは間違っていない。
　カバンの一つが客車の床に置き去りになっていた。
　女性の乗客がその放置されたカバンに躓いた。
「なんなの、誰がこれ置いたの？」

2章　誰が人間であることを許されているのか？　｜　041

彼女がなんとか立ち上がりながら言った。

私は謝罪し、カバンをテーブルの下に引き入れた。

列車が動く。

ジャッキーどこいった？

私はパニックに陥った。

彼女はまだホームにいるのか？

ケンが私を安心させてくれた。いや、あの子絶対乗ったよ。

私は自動ドアを抜けて隣の一等車に押し入った。ジャッキーは、似合わないスーツを着たお節介そうなビジネスマンが予約したのが明らかな席でくつろいでいた。彼は、ジャッキーが座っているのは自分が予約した席だと説明しようとしている。ジャッキーは笑って、彼の懇願を無視している。

「ジャッキー」

私は説明した。

「君は別の車両で私の隣に座るんだよ」

彼女は立ち上がり、折りたたみテーブルからハンドバッグを手に取り、私についてきた。ビジネスマンは安心したようだ。彼は自分の座席を取り戻した。彼は舌打ちし、首を振った。金持ちにありがちなぞんざいな態度で、彼は目の前のテーブルにノートPCを放り出した。

ジャッキーと私がC号車に行くと、修羅場としか形容しようのない状況が広がっていた。誰かが小突いたピーターのコーヒーがテーブルに、そしてエリザベスのおろしたての白いズボンにぶちまけられていた。彼女は怒ってひどく興奮していた。

「くそ、くそ、最悪」

ピーターとアシフはお互いに大声で叫んでいる。ケンが薄ら笑いをして一部始終を話した。

長い旅になりそうだ。

042

数時間後、私たちはエディンバラに着いた。ぞろぞろと駅を出たあと、数台のタクシーを捕まえて会議場に向かう。

私たちは会議の参加登録を乗り切り、食事券を集めた。私たちは学生会館に滞在予定だ。メインキャンパスの宿泊施設に入る。先学期のコンサートのポスター、ナイトクラブのお知らせ、電話番号が書かれたメモが千切れるようになっている賃貸募集中の部屋のチラシが、壁面を飾っていた。私たちは互いの部屋を見つけた。

疲れた。1時間半横になりたい。私は列車の旅でふらふらだった。自分の部屋を見つけ、ドアを開け、服はそのままにベッドになだれこむ。横になりながら、旅の仲間について考える。

アシフ。イギリス生まれのパキスタン人男性。バイリンガル。マーケットの商人。家業で働くようになるまで、地元の特別学校に通っていた。

ピーター。「自立生活スキル」という題目の地元の継続教育学校〔高等教育の枠外で義務教育後に教育訓練を提供する学校〕のコースに通っている。6年も自分のアパートで自立生活をしているのに、おかしなコースだ。

ジャッキーとケン。幸せそうなカップル。ジャッキーは認知症の母と一緒に暮らしている。ジャッキーは母の世話の合間を縫って、週に2回、知的障害のある大人のための地元の社会教育センターに参加している。ジャッキーはかわいらしいカップで紅茶を淹れる。彼女はセンターのキッチンで働くのを楽しんでいる。

ケンは知的障害とされる5人の男性と一緒にグループホームにいる。ケンは60代前半だ。賃金を得たことはないが、大人になってからのかなりの年数、地元のセンターに参加して、誇りを持ってそこで割り当てられた仕事に精を出している。

そしてエリザベス。エリザベスは学習障害者のための施設で30年間

2章　誰が人間であることを許されているのか？　043

過ごしたのち、いまは支援つきホームで暮らしている。彼女は以前、施設の職員がたくさんのドアを施錠するために大きなキーホルダーつきの鍵束を持っていたと私に話してくれた。入所者が適切に振る舞っていないと判断されると、職員は彼女や他の入所者をその鍵束で叩いたものだった。エリザベスの親友によれば、エリザベスは「あまりに多動」なので、長いこと重りつきのブーツを履かされていたという。最近になって、コミュニティへの「釈放」により、エリザベスはアヴァンギャルド・ダンスの一団に加わった。彼女は動くのが好きだ。とくにピンク色でサテンのバレエシューズを履いて動くのが。

　私は起き上がった。

　バーに行くか。誰にともなくつぶやいた。そうだ、バーに行こう。

　部屋のドアを閉めて、学生寮の廊下を進む。自分の部屋にいたのはアシフとジャッキーだけだった。残りは下の階で壁際に寄り集まっていた。

「これどうやって使うのかわかんない」

　エリザベスが叫んで、頭上にルームキーを掲げた。

　ヴオン（Vuong 2019 = 2021: 79）の洞察に立ち返るのがよいだろう。

　　　自分が何ものかを述べる選択肢を与えられる前に、人は時に存在自体を消されてしまう。存在するかしないのか。それが問題だ。……たしかにそれは問題だけれども、そこに選択の余地はない。（Vuong 2019 = 2021: 79）

　たしかに、エリザベスと仲間たちの生は、知的障害者とラベリングされた人のためだけに用意された施設ケアの場に置かれたとき、消し去られてしまう。この話は私が21歳のときのものだ。知的障害者とラベリングされた人を含む障害者が、存在しようともがいていたときの経験だ。

彼女らと私は、その周縁化が不法で道義的に疑義があると思われた社会的世界を経験していた。かつてのアサイラムからコミュニティケアへの移行、1995 年の障害者差別禁止法〔Disability Discrimination Act〕の導入、そして急成長したセルフアドボカシー運動（エリザベスと仲間たちが重要な役割を果たした）は、シンプルな、しかし深遠な認識を捉えていた。すなわち、障害者は人間であり、地域のコミュニティで生きる権利を持つということである。しかし、この認識によって選択が許されるとは限らないこともしばしばだ。そしてエリザベスと仲間たちにとって、（トランプを引用するなら）「元いた場所」に戻ることは、ふたたび隔離され、権利が侵食されかねないことを意味する。戻ること——後退すること——は、進歩の敵である。対して、電車や学生寮——どちらも、あらゆる人間がいるメインストリームの場所だ——に彼らがいることは、哲学者がヒューマニズムと呼ぶところのものの重要な局面であると解釈できる。「存在するかしないのか」、これはたしかに問題だ。そして答えは、この世界に存在しようとする彼らの切なる願いの中に見出される。

　ヒューマニズムは、この世界において人間たる私たちがいかに自身を理解するのかに強く影響してきた哲学である。デイヴィッド・スコットによれば、「ヒューマニズムの物語は、しばしばヨーロッパ的な成長物語として語られる」。ヒューマニズムは、「じめじめして閉塞的な中世の、偏狭な不寛容」の打破と、「現代という理性的な広大さと世俗の光」への転換の先触れとなっているのだ（Scott 2000: 119）。仰々しい！　つまりどういうことかというと、ヒューマニズムは人類史において啓蒙主義と呼ばれている時期から生まれいでた哲学なのだ。17 世紀の哲学者ルネ・デカルト（「我思う故に我あり」のフレーズをつくった男だ）のような啓蒙主義の研究者の思想では、人間の主観性は自然界の物質や身体とは根本的に異なるものとして言祝がれた。ヒューマニズムは人間の精神が持つ、合理的・客観的・科学的な思考能力を称賛する。ヒューマニズムは、個人

の自由を人類が発展を追求した結果として掲げている。そしてヒューマニズムは、身体や自然が持つ手に負えない深みと人間の能力を対比させている（この点について、より学術的な議論は Goodley（2016）を参照のこと）。西洋文化は、人間の身体に宿る理性的な精神と、自然なままの野生の身体の間の区別にどっぷりと浸かり、これを再生産してきた。ときに心身二元論と言われるものである。ヒューマニズムは、人間の精神を中心に置いている点で、まさにこれなのだ。そしてヒューマニズムは、政府のあり方、民主主義の表現、人間に関する理性的な科学（心理学や医学など）に影響を与えた。中世の人々が教会や君主の権力との関係を通じて自身を理解していたのに対し、啓蒙主義の時代は市民が人間の理性を信奉し、民主主義的に団結することを求める。ヒューマニズム哲学は、ロージ・ブライドッティ（Braidotti 2013 = 2019: 59）が考えるように、啓蒙主義の遺産なのである。そしてこの哲学は、自律性、責任、自己決定、連帯、地域の絆、社会正義、平等原則といったいくつもの人間らしい性質を大事にしている。

　エリザベスが電車で席に座るとき、彼女はただちに他の人たちのコミュニティのなかに立ち現れてくる。あらかじめ所定の場所へ向かうことになっている移動者としてだ。彼女はもはや「精神病院」という施設に入れられた患者ではなく（彼女の施設は、西ヨークシャーでその周辺や近隣、外側に住む多くの人々に知られていた）、自立した、能力と意欲のある旅行者だった。エリザベスは彼女自身の人間性を示していた。ワルター・D・ミグノーロ（Mignolo 2009:10）に倣えば、人間であることを示す者はヒューマニストである。エリザベスと仲間たちをヒューマニストと捉えることは深遠なことである。それは知的障害のある人を人間以下の存在として長らく放逐してきたにもかかわらず、彼女たちの人間性、個性、他の人とともにある居場所、人間としての欲望を認めるということだ。客車に入るということ、ただそれだけで彼女たちが人間であることが示される。

曲がりくねった列車の動き、到着予定の行き先の約束、そして他の人と出会う可能性は、「精神病院」にまつわるイメージやストーリーとはまったく異なったものとして私たちの前に現れる。私たちは、私たちが分かち持つ人間性を理解する方法を前提としたヒューマニズム哲学を通じて、エリザベスと仲間たちを人間として理解する。

そして失敗する。

エリザベスの人間性は、私が彼女に部屋の鍵を手渡すやいなや、目の前で崩壊の危機に瀕している。何年もの施設での監禁が、ドアの鍵を開け締めする機会を彼女から奪った。「存在するかしないのか。それが問題だ。……たしかにそれは問題だけれども、そこに選択の余地はない」（Vuong 2019 = 2021: 79）。エリザベスが寝室の鍵を開け締めする選択を委ねられたことはなかった。そしてポール・ギルロイが言うように、人間のコミュニティのはずれへと追放された隔離生活の年月を通じて、エリザベスの人間性は危険に晒されてきた。ヒューマニズムの問題の核心は、それがその〔人間という〕カテゴリーからある人々を排除するというそもそもの傾向にある。ヒューマニズムはすべての人々に開かれた優しい哲学ではない。シルヴィア・ウィンターによれば、ヒューマニズムにおける人間とは白人の、クリスチャンの、異性愛の、健常な男性である。それは規範的な人間、つまりは市民としてのヒューマニストであり、理性的な市民である。中立的で記述的な人間の状態としてしばしば提示されるのに（Wynter 2003: 281）、ヒューマニストの人間は、他の状態にあるすべての人間を人間以下の存在としてみなす暴力の歴史をともなってきた。「規範的な人間」に沿わない人々は、人間性を奪われたのである。ロージ・ブライドッティが述べるように、

> わたしたちはつねに人間でありつづけてきた、あるいは、わたしたちは人間でしかない。少しでも確信をもって、誰もがそう断

言できるわけではない。西洋の社会・政治・科学におけるこれま
での歴史的契機は言うに及ばず、現在でもなお、わたしたちのな
かには完全には人間とみなされていない者がいるのだ。(Braidotti
2013 = 2019: 10)

　知的障害のある人は、これまで完全な人間としてはまったく考えられ
てこなかった。ヒューマニズムが人間の理性、誠実さ、自己充足性、自
律を賛美する先駆けとなった一方で、ヒューマニズムの期待に沿えな
かった人々は必然的に人間として扱われなかった。精神病院や施設は知
的障害者を監禁し収容する場所としてつくられた。ときには、それらの
場所は矯正や治療といった介入が試みられる場所でもあった。しかし概
して理性を欠いた者、狂人、依存的な者に対する社会の反応は容赦なく
過酷で、危険人物扱いであった。エリザベスと仲間たちは歴史の重みを
背負って列車に乗りこむ。それは彼らを人類の進歩に対する脅威、知性
の失敗を体現するものとみなしてきた歴史である。
　にもかかわらず、いま重要なのは、私たちの思考がつかのま無力感や絶
望に陥るのをよしとしないことだ。一等客室に座ったジャッキーのように、
歴史的に——そして同時代的にもそうあり続けているのだが——私たちを
拒否してきた場所を占拠する必要がある。そしてエリザベスやジャッ
キー、その仲間たちがヒューマニズム哲学によって定義された社会空間
の中での承認を求めて世論に訴える一方で、彼らは別のあり方をする人
間を支援するよう必然的に要求する人間の政治に関わってもいる。ある
哲学者たちがいうところの、ポストヒューマンの政治である。

ポストヒューマン

誰が人間であることを許されているのかという問いは、時と場所に応じて答え方が変わるだろう。たくさんの政治的、経済的、技術的変化に応じて、人間の条件はまったく変わってきた。人間がいまや「リアルとバーチャルの場所や空間を通じて私たちを動かす、進歩する一方の技術や資本、コミュニケーションの坩堝に固く結びつき、つながり囚われている」(Goodley et al. 2014: 344) ということを示す証拠は枚挙に暇がない。私はいま、人間の条件の変動する様相を理解しようとシェフィールド大学のたくさんの同僚と協働している。私たちの研究所、人間についての研究のための学際研究所〔iHuman: the interdisciplinary research institute for the study of the Human〕では、いくつかの重要な研究テーマを基軸としている。https://www.sheffield.ac.uk/ihuman/our-work

生物社会的な人間：生命科学・認知科学と、さまざまな生命科学技術におけるその適用は、21 世紀において人間であることの意味をいかに再構成しているのか？　私たちの研究は、エンハンスメントから社会的不平等の生物学への埋めこみ、社会的行動を説明するにあたっての神経科学の利用、健康と病を理解するための新しい技術の適用に至るまで、幅広いトピックに及んでいる。

コミュニケーションする人間：デジタルなプラットフォームは、人間であることの意味をどのようにつくり替えているのだろうか？　私たちの研究では、加速する社会のデジタル化によって、私たちの知識や権力の位置、人間同士の捉え方がいかに変わるのかを考えている。論点はオ

ンライン上での専門職の態度の変化、健康と社会的関係に対するセルフモニタリングデバイスの影響、SNS によってデジタル・アイデンティティの新しい表現がいかに可能になるかといったことを含む。

人間の未来：未来において、人間であるとはどういうことだろうか？ 私たちはロボットの伴侶や遺伝的にデザインされた子どもと暮らすことになるのだろうか？ 異なった類の人間がともに栄える未来も、しかし社会的・生態的な破滅もありうる。私たちの研究では、未来が現実にどのようなものであるかではなく、未来をいま・ここにおける科学と社会のあいだで協創されるものとして捉え、その可能性をいかに想像するかを検討している。

周縁化された人間：この時代のいままさにこの瞬間、人間はいかに包摂され、排除されているか？ 私たちの研究では、ある人々を周縁に押し出す社会過程を白日の下に晒し、これに立ち向かうために、無/能力、年齢、ジェンダー、セクシュアリティ、階層、人種、貧困、植民地主義の交差に注目している。社会正義を実現せんとする大学内外の同志たちやコミュニティと協働するという責任が、私たちの研究を突き動かしている。

iHuman は社会科学、人文学、STEM（科学、技術、工学、医学）の領域を横断して専門知を動員し、研究者、コミュニティグループ、サードセクター組織を呼び集めている。領域間の大胆な対話を促し、これを助成を受けた研究プロジェクトとして主たる活動にしている。「人間」であるとはどういうことか、その理解は領域間で異なり、また時代によっても根本的に変わってきた。人間の身体と脳についての知識が急激に増えていき、またそれらを変えうる力を秘めた技術が新たに生まれる、そん

な時代に私たちは生きている。時を同じくして、世界中で多くの人が、緊縮、紛争、搾取にともなう人間性を奪うような所業に直面している。

　いくつかの議論と思考を可能にする考え方の一つは、**ポストヒューマン**というアイディアと関連している。ロージ・ブライドッティやダナ・ハラウェイ、エリザベス・グロス、アシーユ・ムベンベといった主要な論者が、このポストヒューマンという状態に対し、洞察に富んだコメントと検討をしてくれている。そこでは、「現代の科学、政治、国際関係」（Braidotti 2013 ＝ 2019: 11）の複雑性——「ロボティクス、義肢技術、神経科学、遺伝子工学的資本……から、トランスヒューマニズムといったより曖昧なニューエイジ的ヴィジョン」（Braidotti 2013 ＝ 2019: 11）と結びついた議論、進歩、論争が含まれる——と人間が絡まり合っている。

　ロージ・ブライドッティの著作は iHuman の同僚たちへの影響がとりわけ大きい（詳しくは Braidotti（2002, 2003, 2006, 2013 ＝ 2019）を読んでほしい）。彼女の著作が有用なのはいくつかの理由による。政治的なフェミニストの書き手として、彼女は社会理論が抑圧に立ち向かう方法としてどのように適用されうるのかに関心を持っている。彼女の書きぶりは単なる学術的で理論的な黙想にとどまらない。ブライドッティは一貫して、ヒューマニズムがもたらすものの排除性を懸念してきた。彼女が考えるに、仮にヒューマニズムが欧州の（植民地主義、奴隷制、移民に土地を追われた人々の虐殺の上に築かれた）産物であるなら、シルヴィア・ウィンターが述べるように、ヒューマニズムとは白人が自身を絶対的なものとすることの制度化にほかならないのかという疑問が湧いてくる。もとより差別的な傾向を持ったものであるとしたら、なぜ皆ヒューマニズムに共感したがっているのか？　ポストヒューマンという状態は、それゆえ、デジタルで生物医学的な未来の人間を認識する新しいカテゴリーであるばかりでなく、ある人々の周縁化に対抗する方法でもあるのだ。ここで障害が登場する。エリザベスと仲間たちが舞台上へ。

2章　誰が人間であることを許されているのか？　｜　051

エリザベスと仲間たちは、人間としての承認のために（すぐれてヒューマニズム的な願いだ）、同時に独創的かつ個人主義的でないやり方で世界に存在しようと（ポストヒューマン的状況に近い）、二重に闘っていると思われる。制度の壁とデイセンターは破壊され、広いコミュニティに散り散りになる。一緒にドアを開ける人が必要だ。ときには衝突しながら、私たちは世界へ羽ばたいていく。しかしエリザベスと彼女の同志たちは、人間の集団として進んでいく。彼女らは通勤客たちと一緒になって鉄道の普通客車に乗りこみ国中を旅するのだ。

　彼女らは「人間であると主張すると同時に、人間であることを撹乱し、つくり替え、修正しようとする」（Goodley & Runswick-Cole 2016: 13）というポストヒューマンのプロジェクトに参加しているのだ。彼女たちは他の人たちと同じように、人間として承認されることを望んでいる。しかし彼女らの振る舞いは、何か特異なものとして彼女らを印づけてもいる。キャサリン・ランスウィック＝コールと書いた論文の中で、私たちは知的障害を持った人々との出会いと生活について熟考した。キャサリンは研究者として、またこのラベルを持った男の子の母として書いている。私はこの章を書いたのと同じ調子で、エリザベスや他の人々のような仲間たちの努力を支援するときのことを考えながら書いた。論文には次のようにある。

　　　知的障害は人間であることの意味を広げ、混乱させ、停止させ、疑わせ、そして明確にする。だからいつも知的障害は深遠だ。知的障害は人間を「ディスり」（軽視し）、しかし人間であろうともする。知的障害のある人は人間としての承認を求めている。……知的障害のラベルを持った人々との個人的な、また専門職としてののっぴきならない関わりのなかで、私たちは障害と人間性が調和する、束縛と自由の瞬間を発見した。障害は、人間なるものが

引き合いに出されるとき、社会政策がつくられ、人文・社会科学が発展し、アクティビズムが形成されるときにしばしば想像される、規範的、理性的、自立的、自律的な主体を撹乱する革新的な可能性を秘めている。（Goodley & Runswick-Cole 2016: 2）

結論

　人間であることが脅かされているように感じる人々がいる政治的な時を、私たちは生きている。2019 年 10 月 26 日のいま、私はこの章を改稿している。今週、南イングランドでは 39 人がトレーラーの冷凍コンテナの中で亡くなった。報道によると、人身売買が疑われる多くの被害者はヴェトナム出身であるとされている。「名前のない黄色い身体は……人間ではないと考えられた」（Vuong 2019 = 2021: 78）というオーシャン・ヴォンの言葉を振り返るのが適切だろう。願わくば、やがて哀れな彼らの名前を知り、そうすることで彼らの人間性を承認したい。しかし彼らの死は、多くの人が現代社会において人間であることを許されていないことを思い起こさせる。「自分が何ものかを述べる選択肢を与えられる前に、人は時に存在自体を消されてしまう」のだ（Vuong 2019 = 2021: 78–9）。

　私たち人間同士のつながりを再度賦活する、新しい、包摂的で革新的な方法を見つけることが求められている。障害は、人間であるとはどういうことなのかについての私たちの感覚を、あらためて活気づかせる現象なのだ。エリザベスと仲間たちが思い出させてくれるように、私たちは誰に許されるまでもなく、まずもって人間である。

3章　人間の欲望とは何か？

　私たちの社会における欲望についての支配的な物語は、私たちは欠いているものを求めるというものだ。セックス、権力、承認、地位、金、享楽、消耗品、財産、休暇、名声、Twitter や Instagram、Facebook のいいね、ボトックス、Apple の最新モデル、BMW、唇の整形、ジム通いした身体、完璧なパートナー、才能に恵まれた子ども、良い生と同じくらい良い死。私たちの欲望はますます個人的なものになっているようで、人々はより広く社会に関わるよりも、自分自身を向上させることに関心がある。

　中国人クィア作家のホンウェイ・バオ（Bao 2013: 133）は、「欲望とは個人的なだけではなく、政治的、社会的、文化的なものでもある」と述べている。続けて曰く、「どのような欲望を経験し、何を欲望するかは、さまざまな社会的言説に左右される。欲望はたしかに社会的な影響力を持っている。それは人間を包摂もし、排除もする。厳格な社会的階層制度を打ち破ることも、補強することもある」。

　この章では欲望に向き合い、欲望が典型的にはどのように理解され、感じられ、披露されるのか考えていく。その際、欲望の新しいあり方を探究している関連プロジェクトを参照しよう。こうした新しい欲望は、アンジェラ・マクロビー（McRobbie 2011: 143）が「愉悦に満ちた肯定」と呼ぶもの、他者とともにあるという帰属意識から得られる喜びに向け

られている。これは、私たちを絶えず悩ませる欠乏の感覚から距離を起き、他者とのつながりを求める欲望である。日々の俗っぽい物質主義に心を乱されることのない、こうした欲望を抱き続けることができるのかどうかを考えよう。そして、他の章と同様に、障害が登場するストーリーを参照しながら、欲望をめぐる問いに取り組もう。

欠落

あなたは何を望むだろう？　情熱と興味を駆り立てるものは？　あなたを満足させ、時間を忘れさせるものは？　これらはプライベートなあれこれを引き出し、気まずい告白や恥ずかしい嗜好の開示につながりうる困った質問だ。厄介な個人的質問に対処する私のルールの一つは、社会学的な回答を模索することである。何しろ、私たちの外部に――他者との関係、社会構造、ポピュラーカルチャーの働きの中に――答えをみつけることができれば、こうした懸念（個人的試練や苦難のごとく辛い思いをする）を抱く必要はもはやないからだ。

社会学が生み出された理由の一つは、史上もっとも有名な社会学者の一人であるC・ライト・ミルズ（Mills 1959 ＝ 2017）の言葉がよく引用されるように、私的な問題や個人的な悩みを公的な問題に翻訳することにある。たしかに、人間の欲望は常に歴史的・社会的・経済的・文化的諸力によって形成されてきた。まったく孤立して社会的世界の影響を受けていないかのような社会的真空では、私たちは何かを欲することはできない。欲望とは単なる生物学的衝動でもなければ動物の本能でもない。私たちの欲望の起源は私たちが住まう世界の中に発見できる。

社会は私たちの肌の下、頭の中に入りこみ、私たちの感情に溢れる。私たちのもっとも個人的で主観的、感情的で心理的な側面――私たちが

3章　人間の欲望とは何か？　｜　055

内的、私秘的で、固有のものと思っている部分──すら、社会によって形づくられている。感情社会学でもっとも有名な書き手の一人──誰あろう、素晴らしきサラ・アーメッド（Ahmed 2004）──は、「情動の経済」と彼女が呼ぶものについて広く書いてきた。情動は感情の類義語で、経済はそれを通じて労働と生産、消費が繰り返されるところの市場経済──もっとも顕著なものに先進資本主義──を含んでいる。私たちが感じる感情のたぐいは──そして私たちを駆り立てる欲望は──、市場経済による感情と欲望の再生産に強く影響を受けている。たとえば 純愛^{ロマンチック・ラブ}は、ハリウッドや心理療法、小説、歌、SNS のミームで目立った実践を通じて知られるようになった。そしてサラ・アーメッド（Ahmed 2004, 2007, 2010）が述べるように、広告マーケティング企業は、どうしたら私たちの欲望に訴求し、内的世界に入りこんで、商品を売ることができるのかを知っている。それは、私たちが足りないと感じるもの、足りないと言われるものを欲望する私たちの感情的生活のもっとも私的な部分に注力することによって行われる。

　ここで少し立ち止まってみよう。ジョン・ルイス（イギリスのデパートだ）がクリスマスに流したテレビ CM を例にとってみる。別の場所でも書いたが（Goodley et al. 2018: 199–200）、これらはここ数年でもっとも成功した広告とされている。私は打ち明けねばならない。毎年のクリスマスにジョン・ルイスの広告が画面に映るたび、私がとても悲しくなって子どもたちの前でむせび泣いているのを、彼女らが面白がって見ているということを。なんと言ったらよいだろうか？　私は飛び跳ねる犬、仲間はずれのドラゴン、迷子の雪だるまや寂しげなうさぎに弱い[1]。私もクリスマスは好きなので、ジョン・ルイスのマーケティングチームが想定するターゲットの一人である（その他の主要ショッピング・アウトレットについても同様だ）。ここで私が言いたいのは、市場は私たちの感情をもてあそび、欲望に周波数を合わせてくるということだ。単に商品の内在

的な価値ゆえにそれが売れるということではない。それが私たちの欲望と共鳴するがゆえ、私たちは商品化のプロセスに引きこまれるのだ。それは物品に抱きうる愛着へと感情的に引きずりこまれるかのようだ。iPhone は何かと便利だけれども、その影響力は、私たちのライフスタイルの質を高め、写真を撮る場面を増やし、愛する人との親密な出会いを円滑にすることを可能にするという、さまざまに解釈された機会を通じて売りこまれている。

　精神分析の元祖──ジグムント・フロイト（彼の友人にとってはジギー）──は、こうした事物への感情や意味、重要性の浸透を**フェティッシュ化**として理解していた。iPhone は世界的に消費されるものだが、それは工場で作られた（伝えられるところでは、疑問のある労働環境で製造された）当初の時点では存在していなかった意味を帯びてフェティッシュ化されてきた。iPhone は私たちがそれに付与したさまざまな意味を通じて、私たちに知られ、感じられるようになった。そして、ある事物を意味に満ちたものにする有力な方法の一つは、それに強い感情を吹きこむことだ。ジョン・ルイスのクリスマス広告がうまくいっているのは、広告主

---

1 これらクリスマスのテレビ CM としてはたとえば（2017 年 6 月 1 日アクセス）、
2016 年 https://www.theguardian.com/global/video/2016/nov/10/meet-buster-the-john-lewis-2016-christmas-advert-video
2015 年 https://www.theguardian.com/media/video/2015/nov/06/john-lewis-debuts-2015-christmas-advert-manonthemoon-video
2014 年 https://www.theguardian.com/business/video/2014/nov/06/monty-penguin-john-lewis-christmas-advert-video
そして2013年 https://www.theguardian.com/media/video/2013/nov/08/john-lewis-christmas-ad-video

が理想的な家族のあり方を示し、人ならぬ動物と私たち人間のつながりに訴えかけ、家族とのノスタルジックな思い出を再現し、見た人に子ども時代を思い出させるからだ。

二人のフェミニスト著述家、キャロリン・ペドウェルとアンネ・ホワイトヘッド（Pedwell & Whitehead 2012）によれば、現代は彼女らがいうところの**感情化**によって特徴づけられるという。私たちは私たちが考えるように感じ、消費するように感情を表し、感情的な充足を求めて自身の欲望を飼いならすことを期待されているというのである。感情は一大事なのだ。そして私たちの感情的な生活の分析は巨大な産業を生み出した。セラピー、セルフヘルプ、ウェルビーイング、マインドフルネス、そして心理学。この感情化の鍵となるのは、私たちが欠いていると感じるものへの欲望を追い求めることである。私たちは、望むものはじつは決して手に入れられないと、まぁ知ってはいる。そして私たちはこのことを内心で深く感じている。私たちは時に虚しさ、満たされなさ、不完全さを感じる。感情的な充足を飽くことなく求めても、無駄に感じられてしまう。私たちは常に感情的な欠乏を感じているのだ。しかし私たちはこの欲望にまつわる否定的な考えを受け入れなくてはならないのだろうか？　欲望を理解し実践する他のやり方を見つけるほうが建設的なのではないだろうか？

違ったやり方で欲望することは、足りないものに執着するのではない欲望のモデルを採用することを意味する。欠落としての欲望は、人間の当然のあり方として広く流布している。しかし人間のあり方とは生来のものではないし、欲望は固定されたものでもない。私が思うに、持っていないものを得ようとすることに狙いを定めた——そして先に描いたような情動の経済という資本主義の力によって形成された——欲望に私たちがしがみついたままなら、私たちはものすごく不幸で、そしてまったく、恒久的に、満足しえないままだろう。資本主義の欲望は私たちの中

で脈打つことを決してやめない。いつだってもっといい iPhone は出てくる。もっとインスタ映えする身体になって、もっと裕福な地域に住み、より高い給料を求めてもがき、より高い水準の禅のような個人的幸福とより高い知性を得ようとする。これが人間のあり方の本当のところなのだろうか？　私たちが本質的に不足しているという感覚によってもたらされる実存的空白を埋めようと追い求めるということが？

　そうは思わない。

帰属

　別の欲望の仕方、他の欲望の対象を見つける必要がある。いまほどそう感じることはない。これは少なからず、寛容さが失われ、政治的ポピュリズムが個人主義の文化を植えつけているように思われるこの世界に生きていることによる。しかし、ここでいいニュースだ。欲望は多面的な現象なのである。私たちの欲望は私たちの身の内から感じられるものでありつつ、私たちを取り巻く社会の諸力によって常に形づくられる。しかし、必ずしも狭い意味での欠乏に制約されたものではない。私たちは別のやり方で欲望することができる。私たちの欲望はいつだって関係的なものだ。つまり、人間と人ならぬ存在、身体と文化、個人と社会、人間と機械、そういったものとの私たちの関係や出会いの帰結なのである（Fox & Alldred 2015）。私たちはさまざまなものに影響を与え、それらから影響を受ける。このことから、素晴らしき社会心理学者、マージー・ウェザレル（Wetherell 2015）は、私たちの欲望は常に分散していると結論づけた。私たちは、さまざまなものと取り持つ関係の中で感じるのである。これを受けて、私は関係性について、とくに帰属意識についての議論をしよう。それではここで、一つエピソードを。

3章　人間の欲望とは何か？　│　059

2019年8月27日午前11時20分、マンチェスター空港第1ターミナル、到着ホール

移動。じれったさ。活力。秘密。熱意。タクシー乗り場に行く人や電車に間に合うよう走る人。お金を下ろしに近くのATMにちょっと寄る人もいる。ティーンエイジャーがあくびをする。赤ちゃんが泣いている。子どもたちの喧嘩をとりなす親たち。家族、友人、恋人、同僚、外国人、タクシードライバー、ツアーガイド、そして大学のウェルカムチームが、手荷物受取所を無事に通過してホールに溢れる人たちを出迎えている。

帰ってきた。

へとへとの顔。髪に寝癖のついた人、完璧に整った髪の人。髪がない人。汗。朝の口臭。二日酔い。頭痛。しわくちゃの服。長い旅、短い旅、あるいはもっと長い旅の身体的な残滓。いらだち。じれったさ。舌打ち。ため息。当惑。憤慨。

安堵。飛行機は着陸したのだ。

そして思い描く。これから何をしようか。

その日最初の1杯の紅茶。

ペット預かり所から犬をお迎えする。

大量のメールチェック。

愛しい人たちに（直接会って）休暇中の艱難辛苦を聞いてもらう。事情はFacebookの写真とステータスの更新に書こう。

汚れ物の第一陣を洗濯機に入れる。

地元のバングラデシュレストランでカレーをテイクアウト。

自分のベッドに倒れる。

我が家。

休暇のための予算は吹き飛んだ。狂った体内時計。酔っ払った仲間た

ち。観た景色。インスタ。ツイート。スナップチャット。一人で自撮り。みんなで自撮り。静止画像に捉えられた過剰な活動。もう全部やりきった。集団行動は切迫的だ。

家へ。

人生のすべてがそこにある。信仰、エスニシティ、社会階層、年齢、セクシュアリティ、ジェンダー、スタイル、ファッション。スマホを耳に、指をスマホに。話してタップする。メッセージを送る。つながるために検索する。

家の魅力、デザイン、欲望はいたるところに。

これがマンチェスター。

ただいま。

しばしば思い起こすのが難しいことではあるが、人間であることのもっとも美しい瞬間はお互いとの出会いにある。美はいらだちの中に、寝癖や朝の口臭、じれったさや疲労困憊の中に見出しうる。障害のあるクィアの書き手、ミア・ミンガス（Mingus 2011）は、これを人間のコミュニティが持つ壮麗さとして描いた。私たちは、さまざまなやり方で他者といることを望む。これは別に私たちがまったく同じように望んでいると言っているのではなく、私たちのそれぞれがまったく同じように他者とともにあることに憧れているという考えを述べているのでもない。つながりへの欲望は常に穏やかで容易でスムーズで葛藤のないものというわけではない。

私は二つの理由から、帰属^{belonging}という言葉をとても好んでいる。一つは概念的なものだ。帰属することは、存在^{being}することと憧れ^{longing}ることが合わさってできている。そしてコミュニティの一部でありたい、他者と調和したいという憧れは、とても強い人間の衝動であるように私には思える。これはヴィッキ・ベル（Bell 1999）の短い、しかし示唆的な論文で提示さ

れた議論だ。彼女は、帰属は達成であると同時に進行的なパフォーマンスとしても考えられると論じている。それゆえ、私たちが所属するコミュニティ、そしてそれらへの私たちの反応は、私たちの人生のさまざまな時期の中で移り変わる。他よりもより包摂的だと感じられるコミュニティがある。私たちは次に所属するコミュニティに向かう前に、一時的にあるコミュニティに属しているかもしれない。あるコミュニティではとてもくつろいでいられる一方で、別のところではあまり歓迎されていないと感じるかもしれない。欲望はそこにいたいという憧れによって駆り立てられることがよくある。

　私が**帰属**という言葉を愛している二つ目の理由は、それが私の伴侶を思い出させるからだ。ウェールズ人で、生涯のパートナーであるその人が帰属について私に教えてくれたのは、最初のデートでこう尋ねたときだ。

　「あなたは誰のところに属しているの？」
　この質問に、おそらくは狼狽して衝撃を受けたことを覚えている。彼女が何を言っているのか、わかっているようでそのじつわかっていなかったからだ。
　「それはつまり、誰と親戚なのかってこと？」
　そう尋ねたことを思い出す。
　「そう、そういう意味で考えたいなら」
　彼女は答えた。

　私が属するものといえば、南ウェールズがそうだ。ウェールズ訛りもまさにそうだ。帰属とは、私たちを私たちたらしめているものの絡み合いである。影響力のある社会学者、ニラ・ユヴァル＝デイヴィス（Yuval-Davis 2006: 199-205）は、帰属は相互に関連した三つの部分からなると

考えている。第一の**社会的な位置**が指し示しているのは、性や民族、社会階層、エスニシティ、年齢、セクシュアリティ、障害などとの関係において、私たちがそれと関連していると考える権力軸だ。私たちの社会的な位置は、どこに私たちが属していると感じるのかを決定づけているだろう。たとえば、私が訪れたことのある大学の中には、私の東中部方言に居場所がなく、場違いだと思えるところがいくつかあった。気にしすぎだったかもしれないが、大事なのはそこではない。社会的な位置は私たちの帰属の感覚に影響を与えるのである。第二の**アイデンティティ化と感情的愛着**とは、私たちが心からその一部だと思えるコミュニティや場所との関係に対する私たちの感情的な入れこみのことである。私にとって、父やノッティンガム・フォレストFCのファン仲間と一緒に、愛するチームの試合を観戦しにトレント川沿いを歩く時間というのは深く感動的なものである。ちょっと自己紹介を求められたときには、聞いてきた相手がサッカーファンであるなしにかかわらず、よくマイティー・レッド〔リヴァプールFCのマスコット〕のファンであると言う。グループへの愛着と好意を共有した他者と、私たちは一体感を持っているのだ。ユヴァル＝デイヴィスによれば、第三のものは、私たちがコミュニティへの愛着において見出しつくり上げている**倫理的・政治的価値**である。行動するにあたっての倫理的コードとルールを共有していると感じる他者とともにありたいと私たちは望んでいる。そして私たちは価値観が合わないような人と自分たちを分けて考えている。ダービー・カウンティFCのファンや保守党員、ブレグジット支持派の一団とトレント川沿いを歩いても、私は楽しくないだろう。私の偏見だろうか？　こうした帰属の内実は、他者と調和したいと望む私たちの心理的、社会的、政治的深層を浮き彫りにする。そしてこの関わりたいという気持ちは、足りないものを望むという狭いモデルの先を行くものだ。人間の欲望は――マンチェスター空港の到着ホールのように――美しいものなのである。と

3章　人間の欲望とは何か？ | 063

りわけ、それが私たちを近接性に、すなわち他者と親密であるという状態に向かわせるときに。これが、アンジェラ・マクロビー（McRobbie 2011: 143）が「愉悦に満ちた肯定」として描くもの、私たちが他者との関わりの中で持つ帰属意識において得られる喜びを求める欲望である。そしてこのことは、否応なく、障害についての問いを私たちに投げかける。

つながり

2016年に公刊した同僚のキャサリン・ランスウィック＝コールとの共著論文で、つながりたいという人間の欲望を障害が浮き彫りにするという議論を私たちは提示した（Goodley & Runswick-Cole 2016）。これを書いたとき、私たちは慰めやひらめきを得るために非障害者が目を向けるべき、何かエキゾチックで特別なものとして障害を情緒的に捉えようとしたわけではない。本当に、障害者がもっとも御免被りたいのは、この類の特別視をいなす手間なのである。そうではなく、私たちが提起したのは、障害から新しい概念、モデル、欲望の対象が生まれるということだ。私が上で批判的に書いてきた寄せては返す消費主義や個人主義に、障害者が影響されないと言っているのではない。障害は欲望について、とりわけつながりへの欲望について、再考する可能性を開くということを言っているのだ。帰属することと同じく、つながりは私たちが他者を必要とし、他者が私たちを必要とするということを示している。障害者は政治的な運動や芸術、文化、歴史を通じて相互のつながりの重要性を強調してきた。障害の世界に広く見つけることができるこうしたつながりを見てみよう。人間 - 動物（盲導犬や介助犬のような）、人間 - 機械（車椅子や義肢の利用を考える場合）、人間 - 人間（パーソナルアシスタンスや支援職の事例において）。これらはバーバラ・ギブソン（Gibson 2006）が「障害の

つながり」と呼ぶもののよい例だ。多くの障害者の生におけるつながり、ケアやサポートの核心は、人間がパートナーシップやコミュニティ形成、**相互依存**から得られるものを強調してきた。ソルヴェイグ・レインダール（Reindal 1999）が論じたところでは、この相互依存という用語は、私たちがみな多くのコミュニティに位置づけられ、埋めこまれているとみなすものである。そして相互依存を追い求めることによって、新しい種類の欲望が明らかとなる。マルグリット・シルドリック（Shildrick 2007: 242）は、「欲望それ自体は欠落によってはもはや規定されず」、絶えず新たなつながりの領域を確立するために「常に外部に向けられている」と書いている。人間としての私たちの能力——できることとできないこと——は、常に文脈依存的で関係的だ（Feely 2016）。マルグリット・シルドリックとジャニス・プライス（Shildrick & Price 2005/2006, np）——それぞれ、障害のない研究者と障害のあるアクティビストだ——の魅力的な掌編では、自分たちの関係性と、「お互いにつながって生きているすべての他者に対して、私たちが負担をかけることもあるし、同時に恩義を感じてもいるということを認めるような、物質的な寛大さを発揮すること」という私たち皆にとってのニーズが熟考されている。「物質的」という言葉は、身体の働きに言及するものだ。障害のある人とない人の身体は、生きるために私たちが分かち合う人間関係に依存しているがゆえに、お互いに恩義のあるものだというのが彼女らの要点である。これはともに成長し、ともにあろうとする人間の欲望を祝福するものである。

　私は、つながりたいという欲望について、学習障害を持った人々のセルフアドボカシーに関わった経験から多くのことを学んだ。セルフアドボカシー運動は世界中に広がった政治的人権運動で、その核心は学習障害を持った人々の生と意欲を後押しすることにある。セルフアドボカシーグループは学習障害のある人たちによって、またその人たちのために運営されており、そのメンバーが地域で住むのを支え、自分たちの権

利について熟知し、ヘルスケアやソーシャルケアのサービスがより利用しやすく協力的になるよう働きかけるのに極めて重要な役割を担ってきた[2]。私はラッキーなことに、ハダースフィールドのピープルファーストでボランティア支援員——ないしアドバイザーと呼ばれる役割——を15年以上やっている。この関わりはセルフアドボカシーについての研究をしたり本を書いたりするのに（Goodley 2000）、また障害についての問いを再考するにあたって（たとえば Goodley 2001）、ある部分で助けになった。このグループとの関わりの中で、私は学習障害を持つ人の、セルフアドボカシーという名の下でお互いに支え合いたいという欲望の多くの実例を目にしてきた。私は実地で相互依存についても学んだのだ。

ハダースフィールドピープルファースト、セルフアドボカシーグループの月例会議。西ヨークシャー、ハダースフィールドにて。1997年夏。

「彼女は来ないって、どういう意味？」

ドロシーはみんなを見回した。

「ボリスが言うには彼女はこっちに来ちゃだめなんだって」

ローレンスが説明した。

「彼女は外出禁止になってる」

「外出禁止？」

---

2 セルフアドボカシーについてより学びたい向きは、以下のリンクをチェックされたい。

ピープルファースト http://peoplefirstltd.com/

サンダーランド・ピープルファースト http://sunderlandpeoplefirst.com/

スピークアップ・セルフアドボカシー http://www.speakup.org.uk/

ドロシーは叫んだ。

「ローザは 32 歳だ。彼女が何をした？」

「ばれたんだよ」

ローレンスは缶コーラをちびちび飲み続けている。

「木曜の夜にビンゴのとこに行って、門限のあとに帰ってきたんだ」

私はジョニーに尋ねた。

「ビンゴって誰？」

「スタッフさ」

ジョニーが説明した。

「ローザのグループホームのマネジャーだ」

グループホーム。ここ西ヨークシャーで学習障害のある人が住む一般的な場所だ。

「あなたに学習障害があってもう親元にいないとすると、グループホームにいる可能性が高いね」

アンディが以前私に我慢強く説明してくれた。

「彼らはそういう場所を 10 床のユニットと呼び始めたよ、ダン」

ミシェルが付け足した。

ホームかユニットか、どちらにせよローザは投獄された。この晴れた土曜の朝、ハダースフィールドピープルファースト、ここ 8 年欠かさず会議に参加していたセルフアドボカシーグループに来られずに。

「よし」

ドロシーは宣言した。

「彼女を取り返しに行こう」

さっそくメンバーは椅子を蹴飛ばし、建物を出ていった。アランがロブの車椅子を押した。ミシェルが歩行器で通れるよう、ジョニーがロビーに向かう戸口を開けた。アンディが煙草に火をつける。ジョニーが中で吸うなと文句を言った。ドロシーはアンディから火をもらい、煙を吐い

3 章　人間の欲望とは何か？ | 067

た。アシフはちょうど間に合った。彼は休憩時間用のビスケットとティーバッグ、コーヒーを入れたカバンを持ってきた。マックとジュリーは待ち受ける戦いを思って微笑んだ。ジョーは少し心配そうだ。ジーニーとニコラがジョーに急げと叫んだ。シャンとジェフは手をつないで太陽の下へと出ていった。結婚していまでは15年経つが、どうやら出会った日と同じように幸せそうだ。

　20分足らずで、私たちは街の中心から離れ、マンチェスター運河流域の小道を歩いていた。近くで運河に係留されているボートの煙突から出た煙のようなもやが水面を蛇行し、太陽の光を反射している。犬の散歩をしていたカップルが道を空けてくれた。私たちの最後の一団が、あぜ道からローザの住む袋小路へと続く錆びた練鉄製の門をくぐるあいだ、マウンテンバイク乗りはいらいらした様子でハンドルにもたれかかった。数分もしないうちに、私たちはローザのグループホームに到着した。

　ドロシーはドアをドンドンと叩いた。怒りに振り上げられた彼女の拳。ドアはすぐに開いた。
　「こんにちは、ドロシー。こんにちは、皆さん」
　ティナだった。彼女もまたグループから「スタッフ」と呼ばれていた。スタッフは会議でメンバーからよく吐き捨てられる言葉だ。学習障害のある人が多く利用するデイセンターや支援つき作業所、ホームで働く支援員からサービスマネジャーまで幅広いものを指す言葉である。しかしティナは「良いスタッフ」の一人だった。酒好きで知られる彼女は、ハダースフィールドピープルファーストのメンバーの多くと顔馴染みだった。彼女は毎月第一金曜日の夜にデイセンターで催されるカラオケ会を企画していた。彼女はデイセンターのメンバーが北ヨークシャー沿岸の

街へ日帰り旅行するのを支援してきた。彼女は「正しくて面白い人」だと、アンディが以前私に話していた。

「どうも、ティナ」

ドロシーは応じ、ティナの腕に手をあてた。

「でも私たちはローザと、このへんにいるならボリスに話をしにきたの」

ドロシーはそう言って、ティナの横を通り過ぎ、グループホームの巨大なテレビルームへと入っていった。

残りのハダースフィールドピープルファーストのメンバーもあとに続いた。全部で13人に私とベリルが加わる。グループは何年ものあいだ、親切にもベリルと私がアドバイザーとして振る舞うのを許してくれている。

蛍光灯の照明が片頭痛を誘発するような光をテレビルームに投げかけていた。ローザと他の3人の住人は、別々の椅子に静かに座っていた。テレビからはBBCグランドスタンド〔週末のスポーツ中継〕が流れていた。音量は小さく、字幕は消えていた。

「ここで何してるの？」

顔に笑みを湛えてローザが尋ねた。

「あなたに会いに来たの」

ドロシーは答えた。

「それで、ついでに大馬鹿ボリスはどこ？」

それを聞いていたかのように、彼が占有していた事務室のドアを騒々しく閉め、ボリスがのろのろと部屋に入ってきた。彼はほぼできあがったタイムズ紙のクロスワードを畳んで右脇に挟んでいた。ペンが左耳の後ろに挟まれ、彼の長くてだらしないブロンドの髪は目にかかっていた。

彼のドアに掲示された手書きの貼り紙には「メインオフィス：関係者以外立ち入り禁止」とあった。

「やぁ、ドロシー」

3章　人間の欲望とは何か？　069

ボリスは言った。

「何が起きているんだ？　誰が騎兵隊を連れてきた？」

彼は私たち、ハダースフィールドピープルファーストの一団を指差した。

「私たちはローザのために来たの」

ドロシーは叫んだ。

「次にうちのメンバーの誰かを外出禁止にしようと思ったなら、先に私たちと相談したほうがいいかもね。私たちはピープルファースト、覚えときな」

ドロシーとローザは腕を組んで、にやにや笑うティナが開けっ放しにしていた玄関を行進していった。

残る私たちも意気揚々とあとに続いた。

個人主義的な消費文化——そこでは私たちは欠いていると思うものを切望する——のただ中にあって、同じ人間の仲間たちの中に、もっとも基本的な人間の権利へのアクセスを拒絶されている人がいることを私たちは忘れてしまうことがある。学習障害のある人はもっとも基底的な欲望を満たす機会をよく否定される。ローザは多くを望んでいるわけではない。ただセルフアドボカシーグループの会議で彼女の仲間たちとの時間を過ごす機会、望んだのはそれだけだ。そして彼女を取り戻すためには、グループによる相互依存的な行動が必要だった。ハダースフィールドピープルファーストの物語は、ドロシー、ローザ、アシフ、ジョニー、アンディ、ジーニー、ニコラ、ローレンス、ジュリー、シャン、ジェフ、マック、アラン、ロブの相互のつながりを通じて感じられ経験された、関わりが持つ明瞭な寛大さを示している。学習障害のある大人の権利が、施設化された住居、専門職の権力、ケアシステムの制約の影響を通じて明らかに危機に晒されている時代において、お互いに助け合いたいという

070

彼らの欲望は明白である。つまり、つながりたいという欲望は、（ユヴァル＝デイヴィス（Yuval-Davis 2006）の言葉を借りるなら）学習障害のある人の社会的な位置から生まれているのである。これはしばしば貧困、偏見、誤解をともなう位置だ。学習障害のある人は、私たちの社会の中で周縁化された一団の一つであり続けている。それなら、彼らが欲望をコミュニティに向けるのも当然だ。マクロビー（McRobbie 2011）が描く愉悦に満ちた肯定は、ドロシーと仲間たちの物語がよい例となっているが、しかしそれはローザが住む施設によって抑圧された、ローザのつながりたいという欲望の直接の結果として現れた。ここには愉悦がある。しかしこれは人間性を奪う背景のなかで起こっている。

結論

　私たちを幸せにするものは何か？　私は何度も自問自答してきた。中年の危機と呼びたいなら呼べばいい。疑いなく、20代だったらいまとはまったく違った答え方をしただろう。その頃、私は政治活動やパーティー、服、音楽を追いかけていた。いまでも私はこれらの欲望と無縁でない。新しい MacBook はかっこよく見える。遠くインドネシア諸島の探検を想像する。完璧なエスプレッソを発見するのを待ち構えている。社会正義、インクルーシブ教育、トランプの弾劾、ブレグジットの2回目の国民投票、気候変動に対する真に世界的な応答を望んでいる。こうした足りないものを望むのは、必ずしも個人主義的な欲求に駆られた自己中心的な振る舞いではない。しかし同時に、欲望はこの世界でよりよく他者とともにある方法を再考するためにリセットしなくてはいけない現象の一つだ。つながりを欲すること。お互いを欲すること。そして私たち相互の依存を欲すること。

3章　人間の欲望とは何か？　｜　071

4章　人間は依存的なのか？

　いつもの朝だった。

　携帯のアラームに叩き起こされる。きっかり午前7時。

　意識のある世界に戻るための音なのに、けたたましい金属音からはまったく禅を感じられない。ゆっくり、とてもゆっくり、私は向きを変えた。10代の娘たちが上階の寝室で忙しくしている音が聞こえる。ちくしょう。私は目を開ける。苦痛。平常運転。目の上にはおなじみの痛みに割れそうな頭。口は乾いて臭う。火曜日の朝だ。11月下旬。ふらつきながらシャワーへ向かう。熱い水流が頭と肩を打つ。素晴らしい、ああ。これだよ。

　毎朝同じことを言っている。打ちつける水を言葉にすることで何か追加の薬効があるかのように。

　シャワーを出る。タオルで拭く。綺麗な服を求めて、いつものようにまごつきながらクローゼットを漁る。

　着た。変な靴下だ。キッチンへ下りていく。紙パックから直接オレンジジュースを一気飲み。乾杯。お腹から化学的爆発の痛み。くそが。

　ブラックコーヒー。これは成功するはずだ。本当に効くことは決してない解毒剤。しかし私は誇大広告を内面化してきた。コーヒーは人生のエリクサー。ブラックコーヒー、それは勝者の朝食。

　食欲はない。まだ。

あとで湧いてきて、何かしょっぱいものをキャンパスのカフェで飢えたように貪ることになるだろう。

　大学に行くバス停へ向かう娘たちに「バイバイ」と一言。彼女たちの美しさと若さは、玄関脇の壁掛け鏡に映る自分と比べることでさらに増す。

　顔色。ねずみ色。
　気分。低調。
　罪悪感。苛まれている。
　自我。溶けて消えた。

　イブプロフェンを３錠かきこむ。水はいらない。錠剤消費の専門家である。

　さぁ職場へドライブだ。おそらく、車の運転が許されるアルコール限度を超えている。

　よし。慎重に運転しよう。スピード上限を見る。住宅密集地は避ける。とくに学校はだめ。通勤ドライブは、町はずれに出るまではほとんど田園地帯だ。職場まで45分。悪くない旅だ。仕事もうまくやれると勘違いするには十分。酔いは醒めた。準備万端。働きたくなってきた。車を停める。駐車場の係員とちょっと話す。彼のペットのパグ犬を褒めておく。

「この子、じつは彼女の犬なんだ」

　犬の頭を撫でながら彼が説明する。

「でも一緒にいれて嬉しいよ」

「まったくもって人類最良の友」

　私も適当に無難なことをつぶやく。

4章　人間は依存的なのか？　│　073

会議は一瞬で終わった。面白かった。研究プロジェクトについての会話。執筆の締め切り。学会大会の予定。シンポジウムの企画。構想中の新プロジェクトで研究パートナーになるかもしれない人と Skype や対面で打ち合わせ。同僚と連絡。学生数人の指導。午前 11 時だ。ブランチにしよう。ソーセージロールとブラックコーヒー、**さらに**チーズサンドウィッチ。別の会議はだらだら続いた。おお神よ、会議はのろのろ続いている。言い訳をして、午後 4 時のアポイントを早々に切り上げた。

　今朝どこに駐車したのだったか？　車を見つける。やっとだ。

　来た道を戻る。帰路だ。美しい午後。爽やかだ。青い空。冬の低い太陽の最後の名残。では夜の予定を立てよう。

　優先事項：子どもたちの夕飯をつくる。彼女たちは早い時間に食べたがる。私の伴侶が戻るのはもっと遅いだろう。彼女は今日は会議でいっぱいなのだ。

　優先事項：地元のスーパーにちょっと寄る。ステラ・アルトワのラガーを 4 パック。ワインをボトルで 2 本。1 本は赤で自分用。もう 1 本は白。彼女の。パートナー用というのは名目上だ。しかし私の論理的思考は明確であるから買った。彼女は私の赤のボトルの中身には触れないだろう。

　ただいま。子どもたちはもう熱心に勉強しているところだった。ノート PC、携帯、本、授業のプリントがキッチンテーブルにまで広がっている。ローザはストームジーを大音量で聞いていた。ハグする。ルビーはラップに含まれるミソジニーに辛辣な批判を浴びせていた。

　今日はどうだった？
　ああ、パパ。
　歴史がちょっとだるかった。
　今日の心理学はマジで面白かった。
　マーサの彼氏が月曜に葉っぱ吸ってた。

今朝バスがまた遅れた。

Ａレベル〔General Certificate of Education, Advanced Level：イギリス他で用いられる大学入学資格〕以外に課外活動もやらなきゃだめ？

大学の学生寮って絶対 Wi-Fi ある？

音量落としてくれない？

音量上げて！

え、猫みて。超かわいいんだけど。

家族の雑談。いつものこと。素敵で愛情のこもった毎日の会話。私はもう２本もビールを飲んでいた。今晩はコリアンヌードルだ。ちゃちゃっとつくろう。一番大きい鍋を摑む。コンロを最大火力に。しょうがとにんにくを乾煎りする。八角を一つ加える。最高級ビーフブイヨンを大さじ１杯。水を入れる。鍋が激しく沸き立つ。蒸気が上がる。いい匂いだ。沸騰させる。うどんを入れて３分。それ以上長くてはだめだ。麺を上げる。さて。フライパンを準備。スライスしたしょうが、にんにく、赤唐辛子半分をオリーブオイルで炒める。チンゲン菜のぶつ切り、人参の薄切りとセロリのみじん切りを入れる。大きいお椀二つにブイヨンを一さじずつ。ルビーは妹よりも多めに入れるのが好きだ。うどんを投入。多いほうをローザの分に。野菜炒めをのせる。韓国醤油をひとたらし。刻みネギをひとつかみ。炒りごま少々。へいお待ち。

　一緒に食べないの？

　うん、お母さんと一緒に食べるから、帰ってくるのを待つよ。

　麺をすすりながらその日なにがあったかを聞く。私の娘たち。この子らはなんでも食べる。食べ終わった。宿題をやっているあいだに、私は皿を洗ってしまう。最後はバッジー・マローンを歌いながら。マンチェ

スターのグライムラップ・アーティストだ。子どものおかげで若さが保たれる。私の父のお気に入りの主張である。いまの私の主張でもある。

　ラガーを4本。
　もうなくなった。
　赤ワインを開け、呼吸させる。そうするのがいいとどこかで聞いたことがある。
　5ポンドの赤ワインをそんなに早く開ける必要があるのかどうかはわからない。だがこの手間が、私の飲酒にブルジョワの雰囲気、洗練されたもの、訳知り顔の文化資本を与えてくれる。しかしこれはライフスタイルの選択ではない。私はいま酔っ払っている。そしてラッキーなことに、これから今晩の5時間以上をかけてまるまる1本飲み干す赤ワインがまだある。
　玄関のドアが閉まった音が聞こえる。パートナーが帰ってきたのだ。私はすぐにビールの空き缶をリサイクル袋に隠す。缶を底のほうに押しこみ、新聞の日曜版で覆う。

　やぁ。
　彼女はへとへとのようだ。大変な日だったことがありありと伝わる。
　ほんとになんて日。彼女が認めた。
　彼女はワインボトルを見た。
　あなた、なんで火曜日に飲んでるの？
　ああ、いや。
　少なくとも彼女はステラについては知らない。
　しかし彼女は徐々に勘づいてきている。その目に映る救いようのない奴。明日も学校のある火曜日の夜を祝う理由を探して、私はすばやく思いをめぐらせた。

このストーリーは、依存症についてともに考えるための入口となっている。間違いなく、これは出口でも終わりでもない。私がこの章を書くなかでの欲望は、依存症から回復すること、それもフェミニスト哲学者のロージ・ブライドッティ（Braidotti 2013 = 2019）が支持するところの、人間の生についてのより肯定的な説明を記す、そういうやり方で回復することだ。肯定的なスタイルとは、依存症の可能性について考え、詳説することを意味する。依存について、よりポジティブに、希望に満ちた実りあるやり方で考えたいのだ。

　依存はしばしば悪いイメージをもたれる。イギリスでは歴代政権の緊縮政策の結果、福祉国家の予算は削減され、依存は福祉の不正受給者、失業者、怠け者と結びつけられている。依存は、中毒と同じく、悪癖への服従の印となっている。対して、障害学や障害者の政治運動は、人間の依存について多くのポジティブな見解を打ち出してきた。この章では依存を人間の性質として解明し、ひいてはタニヤ・ティクコスキー（Titchkosky 2011）に倣って依存の「不思議さ」を捉える。

中毒

　中毒と依存症は、人間としてのあり方が破綻しているのを示す同義語としてよく互換的に使われる。中毒になるということは、制御できない強い欲求に屈服するということだ。中毒は人間としてのあり方の理性的な核心部につきまとい、これを悩ませる。中毒者は依存の絶望を体現している。薬物、アルコール、食べ物、セックス、SNS、そして消費は、私たちの欲求の対象のほんの一部に過ぎない。一つの例として、デーゲンハートら（Degenhardt et al. 2014）によれば、世界地図にピンを刺して

4章　人間は依存的なのか？ ｜ 077

中毒者を数えていくと、2010年の世界には1550万人のオピオイド中毒者がいるという。中毒は快楽主義（喜びを求める欲望に突き動かされている）と精神病理（欲望が心の病気と化している）とのあいだにある。中毒と依存は人間の失敗を語るときにしばしば想起される。依存症の公表にはリスクがある。それは話し手が物や習慣、娯楽に手に負えない執着をしている、弱くて問題を抱えた人であることを物語る。中毒は放縦と同義なのだ。中毒は人間性を制圧するようでもある。中毒は人間の追いやられた脆弱性の証である。私自身の中毒の話を読むのは、きっと不愉快なものだったろう。もちろん、私の話の読まれ方はいろいろあるけれども。

　おのずと、中毒は——依存のように——この世界に矛盾として現れる。一方では、中毒は21世紀の人間の生における普遍的な特徴として捉えられるだろう。中毒でない人がどこにいようか？　Facebookの新着投稿をチェックしていない人がいるか？　私たちはみな、スマホにメールが届いた通知音に満足していないだろうか？　食後のチョコレートを我慢するという約束と格闘していない人がいるだろうか？　一日の終わりに1杯のワインを楽しみにしている人がどれだけいるだろうか？　インターネット上のブックメーカー各社は、現在、英国のプロスポーツの企業スポンサーの中心を占めている。そして、依存症はよく使われる言葉だ。もちろん、これらは #firstworldproblems〔先進国に住む人が感じる、小さい出来事・問題〕の例ではあるが、依存症が世界的な現象であることを示す明らかな証拠がある。しかし、依存症の自己開示や診断は、不思議なことに、また別の支配的な文化的ストーリーの到来を告げる。人間のあり方は、私たちの中毒によって破壊されているということである。まるで中毒は予想通りであるかのよう（私たち皆が中毒者だ）、同時に拒まれるべきものでもある（中毒は私たちのコミュニティが破綻する根本的原因だ）かのようだ。中毒は私たちが「**分岐した意識**」と呼ぶものをつくり出している。二つの競合する信念を同時に抱くということだ。そして相

反する考えを持つ心理的経験のように、これは不確実性の感覚（ないし、精神分析医が葛藤と呼ぶもの）を生み出す。中毒は、家の壁掛け鏡のように、人間のあり方が持つ奇妙な矛盾を私たちに映し返している。私たちは、中毒になってもいるし、中毒というまさにその考えに逆らってもいるのだ。中毒は、おそらく、まさにめちゃくちゃな概念である。これは個人の失敗（なにかへの病理的な依存）を示すものであると同時に、社会的な規範（私たちはみんな中毒である）を表してもいる。

　中毒の社会学を扱った編著への序文において、ジュリー・ネザーランド（Netherland 2012）はこの奇妙な矛盾について書いた。誰もが皆——程度の差はあれ——中毒の文化に巻きこまれているように見える。中毒が広く蔓延している（おそらく、いくらかは文化的な規範として）と議論する一方で、中毒への反応は懲罰的（中毒は犯罪化される）だったり、治療的（中毒は心理学や精神医学の治療に持ちこまれる）になりがちだ。そして、中毒が広く蔓延しているというこの認識は、自立や自制についての確立した考えに関して私たちが持つ期待と矛盾している。

　精神分析医のジャック・ラカンによれば、こうした私たちの鏡写しの姿は——そして自立した存在としての私たちの不動の姿への期待は——共通の文化的物語である。事実、ラカン（Lacan 1977）によると、鏡像段階は私たちの感情的発達における重要な段階なのだ。赤ん坊が初めて鏡の中に自分の像を見たとき、世界との関係は弾みをつけて動き出す。赤ん坊は〔鏡に映った〕自身を自身の外側にある実在として認識する。鏡像はその子の身体、自我、そして自身とは別の存在を示している。他のものは後景に引いてしまうこともしばしばだ。鏡像が経験されるとき、主たる保護者は赤ん坊から離れてはいない。そしてここにもう一つ、すなわち赤ん坊が自身とその保護者は異なると認識し、区別する契機がある。子どもは保護者から、また自分自身からも独立した存在であるということは、子どもが持つ自分自身についての感覚が出現することの先触

4章　人間は依存的なのか？ | 079

れとなる。ラカンが現実界（そこでは依存と養育がもっとも肝心なことだ）と呼んだ本来の幼児期から、新たな想像界（養育してくれる他者とは異なるものとしての自身の認識が育ってくる）への劇的な変化は、信じられないほど恐ろしく、トラウマ的で、破壊的であるが、人間の発達にとって必須の基礎的な瞬間である。さて、私がラカンの発達理論を援用したのは、世界中すべての人間が経験する子どもの発達の普遍的なストーリーの類としてではない。そうではなく、ここで人間の自立をめぐる鏡像の話を提示したのは、それが、自立と依存という相反する欲望に関して私たちが幼少期以降に直面する課題についての、少なくとも私にとっては、有力なストーリーだからである。

　依存と中毒を等しいものと考えると——そして両者を人間の本性のある種の機能不全と結びつけると——人間の生においては依存が中心にあることを認識し損なってしまう。実際、私の話にはさまざまな依存関係があった。料理がつくられ、供され、食べられるということに家族が依存していると読む人もいるだろう。食事はその日の会話よりも重要でないように見えるときもある。話や意見を分かち合うことへのこだわり。激励。聞き手。話し手。煽動家。親友。誰かが来るのを待つ。キッチンテーブルのまわりに一緒に座る。長年連れ添うなかで身につけた、一緒にいるための暗黙の方法。これらは、いかに平凡な依存の時間が滅多に語られず、話題に上らず、論じられないかということを示している。じつのところ、私たちに限ってはそうではない。私は定期的に仲のよいパパ友と電話で話している。お互いの近況を話し、悩みを打ち明けてすっきりする。支えと安心を探しているのだ。サッカーについて、また子育てについても話す。実際、子育てにおいてはやっているわりに報われないように感じられるという話になる。

　なんで毎朝我々だけが鍋を洗っているのか？

どうやったらそんな短時間で効率的に家を汚せるのか？

　子どもたちが約束の時間になってもまだ外出しているとき、礼儀として私たちにメールを送ることを思いつかないのだろうか？

　子どもたちが、うまいことに大学に進学したら、家はどうなるのか？

　「空っぽの巣症候群への対処」というタイトルのクソマニュアルはどこにあるのか？

　考えてみれば、青年期の子どもたちとの交流やサポート、コミュニケーション（そして鍋洗い）を通じて、父親が彼女たちに依存しているということが議論されることは滅多にない。私たちが子どもに依存していることの重要性はほとんど表明されないのだ。子どもたちに頼りたいという複雑な願望が、私のアルコール中毒の話題のような緊急性や熱意を持って会話に取り上げられることはほとんどない。もちろん、後者は整然と病的である。それは人間の失敗の物語であり、不愉快さ（あるいは、少なくとも早朝の頭痛）をともなう人間の依存の物語である。これはとくに強大な依存なのだ。際限なし。不合理。危険。自己破壊。依存には介入が必要だ。対して、日常生活の依存の現実——人生に前向きになれる、子ども、猫、パートナーとの食事の時間や雑談、メール、接触とつながりの瞬間——は、中毒としては語られない。しかしこれは確実に、中毒以外の何ものでもない。我が子との関係がなかったとしたら、まったく生きた気分にならないだろう。これは、子どもたちを父親との〔アルコール中毒のように〕有害な関係に押しこめようとすることとは異なる（少なくとも私はそうであってほしくない）。しかし、これは依存の中毒性を認めようという呼びかけでもある。

　思うに、依存について慎重に書こうとすると、障害について考える必要がある。それは、障害が人間の依存に対してある独特の光を当てるからであり、とりわけ多くの障害者が多くの親密な依存先を身近に抱えて

いるからである。義肢、車椅子、補聴器、杖、iPad のアプリやその他のテクノロジーの利用は、無生物の事物との深い関わりを示している。パーソナルアシスタントやケアワーカー、サービス提供者、そして知らない人との、有償の／無償の、フォーマルな／インフォーマルな、予期された／予期せぬ関係は、多くの障害者にとっての日常である。数多の障害者の生活に、コンパニオンアニマル——補助犬を含む——の存在と活用がある。障害と依存は結びついているのだ。これは障害のある人がない人に比べてより依存的にならざるをえないと言っているのではないし、依存しているときに緊張や問題がないと言っているのでもない。しかし障害者の依存的な関係は、非障害者が経験する依存に比べて人目を引きがちで、頻度も多いものであったというのは妥当だろう。そして重要なのは、少なくとも障害学の領域において、依存という現象は障害のある書き手によって慎重に検討されてきたということだ。その思索は主に二つの議論に分類できる。

　一つは、障害と依存を切り離し、障害者の上に（慈善、福祉システム、ないしは善意ゆえの何かを通じて）歴史的に掲げられてきた依存的な関係から障害者の自律性を取り戻そうとするものだ。レン・バートン（Barton ed. 2005）の編著『障害と依存〔Disability and Dependency〕』の寄稿者たちはこのアプローチのよい例で、読者が障害と依存の結びつきを断ち切ることを願っている。同様に、イギリスの障害者アクティビストで文筆家のコリン・バーンズは、著書『無気力症候群——依存の社会的構築〔The Cabbage Syndrome: The Social Construction of Dependence〕』（Barnes 1990）において、依存的で役に立たず、医療や心理の専門職といったその道の人からの助けを要するある種の人間の失敗としてしか障害を捉えられない社会から慈悲の対象とみなされることに、障害者はうんざりしていると述べた。明らかに、こうした潮流においては依存は望ましくない現象として理解されている。

二つ目の議論は、人間のあり方における依存の重要性を明確にしている。アメリカの障害者フェミニストであるローズマリー・ガーランド＝トムソン（Garland-Thomson 2011）は、障害が人間とそれを取り巻くものとの関係を再考する真の可能性をいかに開くのかを論じてきた。一つの端緒は依存を再評価することと関連している。ガーランド＝トムソンが述べたように、障害は人間の脆弱性についての本質的な問いを投げかけてくる。この世界で生き延び育つには、他者からの協力が頼りとなる。そして障害は、そこから人間における依存の中心的役割を考えるという、それ自体とても示唆に富んだ経験としてこの世界に現れる。障害学の文献では、依存は中毒と同じく、（人間の失敗を示すものとして用いられるときには）拒絶されると同時に、（この世界で他者とともに生きる人間であることが何を意味するのかについての重要な側面として）受容される。

　これらの異なった見方の緊張関係をどのように保てばよいだろうか？ 明らかに双方にメリットがある。私は、この依存という概念がより危険で非人道的なやり方で取り上げられうることに注意を払いつつ、これをいかに受け入れられるかを考えたい。私たちの依存をどうやったらあらためて人間的なものとできるのか、この問いに取り組みたいのだ。私にとってのヒーローの一人、ポール・ハントの名言を紹介したい。1966年、ハントは『スティグマ——障害の経験〔Stigma: The Experience of Disability〕』と題された本を編纂した。これはハントや他の著者が全員障害者であった点でとくに画期的な本だ。ハントの来歴が詳細に述べるところでは、彼は当時29歳で6人の姉妹がおり、うち一人もまた筋ジストロフィーであった。彼は「13歳で車椅子を使うようになるまでは学校に行き、それから4年半は病院で過ごした。1956年から彼はハンプシャーのチェシャー財団のホームに住み、さまざまな種類のたくさんの作業を行い、とても活発なコミュニティから刺激を受けた」（Hunt 1966: 1）。うち1章——「危機的状況」——はハントによって書かれている。

4章　人間は依存的なのか？ | 083

少なくとも私にとって、それは障害学の初期の範例としてのちに評価されることになる、頭の下がるほど美しく書かれた作品の一つである。この章には——そしてこの本全体にも——障害とともに生きる人は「人間の価値は彼の社会的な地位や属性、財産にまさるものだという気づきを他者に伝えている」（Hunt 1966: 5）といったものを筆頭に、多くの力強いメッセージがある。「私たちの社会における役割は、風刺作家になぞらえうる。おそらく私たちは、人々がすぐに忘れてしまうような人生の一面に気づかせなくてはならないのだ」と彼は論じる（Hunt 1966: 14）。障害者はさまざまなつながりや支援の仕組み、相互に依存した関係の中にすでに関わっているから、依存について語るに際し障害者が持つ権威をハントは体現しているのだ。少々長くなるがハント（Hunt 1966）からの引用を挟むのがよいだろう（彼の文章の詩情を感じてもらえたらよいのだが）。

　　私たちが求めているものは、施しよりもずっと深いところにある。こちらからもそうしたいと思うような、突き動かされる気持ちで手を差し伸べてほしい。そうすれば、上から恵み（物質的なものやそれ以外の）を与えるのではなく、今度は自分自身が贈り物になる。私たちのように、明らかに劣っている人々を愛し、尊重し、対等に扱うには、真の謙虚さと寛大さが必要だ。そのように扱ってほしいと私たちが求めることは、すべての人が認識しなくてはならない人間の真実に基づいていると私は信じている。(Hunt 1966: 17)

　さて、言い回しは少々古臭いし、いくつかの概念（「劣っている」のような）は私たちを動揺させ不快感を与えるだろう。しかし、施しという概念は美徳、すなわちある人間が他の人間に惜しみなく与える行いをイメージ

084

させる。そしてある人自身を贈り物とすること、お互いから受け取ることは、依存の核心に迫っているように私には思える。ハントにとって、愛と尊重は施しを定義するものだった。そして愛と尊重は一方通行ではありえない。誰かは他の誰かに依存しているということで、また別の言葉も詳らかになる。相互性だ。私たちの生は私たちが持つ他者との関係性に依存しており、他者の生もその人たちが持つ私たちとのつながりに依存している。ローラ・デイヴィーは、知的障害のラベルを持つ妹との関係についての胸を打つ語りの中で、彼女が妹に頼っていることと、妹が彼女に頼っていることを相互依存のポジティブな話として打ち立てようとしている。「アイデンティティと自己についての私たちのストーリーは、決して私たち一人ずつのものではない。一緒に書く過程の中で私たちが私たち自身を他者に対していかに定義し同定するかに体験は媒介されている」(Davy 2019: 111)。ここではウィニペグ生まれの作家、ロッド・ミチャルコ（Michalko 1999）の注目せずにはいられない著書『ふたりでひとつ──スモーキーと歩く、盲目で歩く〔The Two-in-One: Walking with Smokie, Walking with Blindness〕』が思い出される。この本ではロッドが盲導犬スモーキーと享受する親密な関係が詳しく語られる。人間と人ならぬ動物のあいだの親密さが多く述べられるなかで、私の脳裏を離れないのはロッドとスモーキーがいかにお互いに頼り合っているかを描いたストーリーだ。この世界で他者と生きることが何を意味するのか、その絶対的な核心に依存がある。依存は人間性であり、人間の逸脱状態ではない。そして依存は信じられないほど中毒的だ。もしかしたら依存は新たな世界的感染症の一つとなるかもしれない。すなわち、他者とのつながりを求める人間の欲望である。

新たな始まり

　午前6時30分。アラーム。平穏な目覚めの音だ。バリ島の田園を思い浮かべる。あるいはヨガのクラス。うん、あんまり無理するのはやめておこう。アラームはアラームだ。このくそったれの音で、深い眠りから引き戻される。ふらついた足取りでベッドから転げ落ちる。深いため息。あくび。これからの一日を思う。いい日だ。会議の朝。執筆の午後。1時30分、会議の合間には20分の瞑想が予定されている。そう、皆さん、私はそんな男なのだ。瞑想狂い。好きなのだ。彼女の（私のではない）いつものワークアウトの一つであるジムに、うちの末っ子のローザを迎えにいくのが最優先だ。なお、私はジム狂いではない。

　風呂へ。
　手早くシャワー。
　熱い水流に叩かれる。
　素晴らしい、ああ。これだよ。
　毎朝同じことを言っている。打ちつける水を言葉にすることで何か追加の薬効があるかのように。

　1分で着替える。昨夜のうちに選んで化粧室の椅子に掛けておいた服一式を着る。ちょっとした整理整頓。前もっての計画というものだ。キッチンへ向かう。オリエンタルブルーの猫、テンパが私の足元をぐるぐる回る。彼の鳴き声は新生児のようだ。声高で要求の多い家族の一人である。彼はその猫背を私の右くるぶしにこすりつけ、長く大きな声で鳴いた。テンパより自制的でものぐさなフローレンスは、ベッドにだらしな

く座っていた。彼女にとって朝の挨拶は渾身の努力を要する。クラシカ
ルなシャム猫である彼女の模様は、冬の数カ月のあいだに一層はっきり
してくる。ドライフードをボウルにじゃらじゃらと入れるとどちらも大
急ぎでやってきた。食べる場所をめぐってのいつもの争いである。

　コーヒーポット。水と挽きたてのコーヒー豆でいっぱいに。コンロの
火でぐつぐつと。グラノーラ。最近のお気に入り。スキムミルクと混ぜ
る。長女のルビーが最初に朝食に加わる。

　ハグ。

　睡眠の質について質問。

　トースターにパンを一切れ入れる。バターを配置。バターナイフを準
備。このナイフは義父の死後に譲り受けたお宝の一つだ。

　今日一日の予定をお互いに確認する。

　朝食もそこそこに、私は2階に上がる。

　またあとで、ルビー。

　じゃあね、パパ。

　リビングへ。iPadからケーブルを抜く。充電は100%。カバンの中の
財布を確認、そこにある。iPadを入れる。今日はブーツを履こう。寒
くなりそうだ。コートを着る。マフラーを巻いた。どちらも伴侶からの
クリスマスプレゼントだ。カーナビー・ストリートで買われたもの。ザ・
リバティーンズ、スウィンギン・シックスティーズ、モッズ族、クエイ
ルードを連想する◇。

　行ってきますとローザに叫ぶ。

　「じゃあね」と彼女のくぐもった声が返ってきた。

　化粧の最終段階と今日の服選びに深く集中しているのが明らかだ。

4章　人間は依存的なのか？｜087

鏡をちらりと見る。鏡も見返してきた。

頬に色が戻っている。

目の下にクマもない。

まだ40代後半のつもりでいる。初老の男性が鏡に映るのをみていつもびっくりする。

いつもの通勤ドライブ。シェフィールドの外れの道路工事でいつもより少し時間がかかった。中心街の端で駐車場に入る。男と犬はいない。オートメーション化でいなくなった。駐車した。9時間の駐車をアプリに記録する（4.25ポンド）。去年の今頃より安い。しかし人間との接触がないがゆえの安さでもある。

オフィスへ向かう。少し歩くあいだにいくつかのことを考える。

ルビーが──どうか幸せでありますように──今年の後半にも大学に在籍していたらどうしよう。何か行動ルールを提案すべきだろうか。ちゃんとやってるか毎日メールしてもらう？　やりすぎか？

「パパって本っ当にかまちょすぎ」ローザはよくそう言って面白がっていた。一理ある。

外出するときは3日おきに（あるいは3時間おきに）メールするようルビーに言ってみるくらいなら適切だろうと考えた。

スマホが鳴った。伴侶からのメールだ。「あなた、冷蔵庫からサーモン出した？」

◇スウィンギン・シックスティーズは60年代イギリスの若者による前衛的文化運動。カーナビー・ストリートはその中心地で、モッズ族と呼ばれた若者が奇抜なファッションで踊り、スクーターを乗り回した。クエイルードは当時流行したドラッグである鎮静催眠薬メタカロンの商品名。ザ・リバティーンズはこうした文化の系譜にあるバンドである。

今日はアルコールを飲んでいない。2019年の大晦日から一滴も飲んでいなかった。素面は諸刃の剣だ。これを救済のストーリーのように読んでほしくはない。たしかに、私は朝の、とりわけ平日の朝の楽しみを再発見した。対して、金曜と土曜は——その午後5時から7時のあいだは——いまでは困ったものだ。嘘をつきたくはない。大酒を飲んで浸っていたあの美しき混沌を懐かしく思う。愛する人たちとの夜の時間、新しく知り合った人とのほろ酔いの会話が懐かしい。強烈なアルコールは知らない人との空港のバーでの会話を盛り上げた。いまは空っぽになったように感じる。かつての欲望の仕方を懐かしく思う。空港が好きなんだとよく人に言っていたものだ。結局、私は禁酒して、本当に空港のバーが（あるいは単にバーが）好きなんだとわかった。未来の狂気を追い求めるよりも、私はいまを生きるのが好きだ。それに、私は一緒にいて楽な人間だと思う。喜んでお伝えするが、私には理不尽な暴言、衝動的な決断、不適切なコメント、冒瀆的な言葉の乱用がまだ多い。そして同時に、私はいまが一番依存的だ。私の人間としてのあり方について少し調べるだけで、私が他の人に（さらに言えば人以外に）たくさん依存していることがわかる。そのうちいくらかは明らかに、また間を置かずに互酬的だ。対称性があるのだ。私はもらったものを返しているのだと思う。他の人はもっと一方通行の関係を好んでいるように思われるときもある。しかし、互酬性はじっくり育むものだ。それに父親としての役割に互酬性があることは疑いない。がみがみ言ってかまってほしがる父親は娘たちがもっとも望んでいないものだろう。私は彼女たちから多くを学んでいる。ずっとそうしてきた。彼女たちがそうしているように、私も彼女たちにどれだけ頼っているのかを、ときには思い出す必要がある。いつか彼女たちがもっと私にお願いをするときが来るのではないかとも思う。そのお願いの内容と詳細はそのときに書かれるだろう。

　依存を退けることは人間性を奪うことだ。依存を受け入れることは私

4章　人間は依存的なのか？　｜　089

たちを人間たらしめているものの可能性を頼みにすることだ。他者に頼ることは人間同士のつながりをもたらし、これを受け取るということだ。依存の内実は、そうして満たされる。

5章　私たちは人間でいられるのか？

俺たちは落ちていく　BHS のように
かたや能のあるハゲタカが俺たちを監視し連れ去っていく
俺たちは落ちていく　不安になることはない
原始的な集団移民っていう手があるんだから

「B.H.S」の歌詞より◇（Sleaford Mods 2017）

　この章を枠づける問いは、奇妙に思えるかもしれない。なぜわざわざ
私たちが人間であるための能力を問うことがあろうか？　私たちを人間
たらしめる、私たちに内在する何か本質的な人間の素質があるのだろう
か？　私たちに固有の人間の能力が、たとえば植物や動物、機械から私
たちを分かつのだろうか。

◇スリーフォード・モッズ（Sleaford Mods）はイギリスの 2 人組ロック
　バンド。社会に対する労働者階級の鬱憤を歌う。BHS（British Home
　Stores）は 2016 年に破産したイギリスのデパートチェーン。引用した訳
　詞は「B.H.S」が収録されたアルバム『English Tapas』の日本版特典ブッ
　クレット（髙橋勇人訳）によるが、表記を一部改めた。

これまでのところ、私たちは障害という現象を焦点として一緒に考えてきた。あなた方は、私たちの議論の背景に潜んでいる一つの現象、つまり障害が密かに参照するもの——能力^{ability}——について、思い当たるところがあるのではないか。障害について説明するときにはいつでも、意識的であろうとなかろうと、私たちは能力についても言及しているのだ。

ポピュラーカルチャーや教育制度、ヘルスケアの現場、職場、コミュニティにおいて、障害はしばしば能力の**欠如**として理解されている。障害は能力の**不在**を示しているのだ。そして障害は低く価値づけられた能力であるがゆえ、能力についても逆は真なりとなる。能力は人間性の良い部分とすんなり結びつけられるのである。同時に、何かができることはかなり規範的な性質を持っている。人間であることの感覚について、本能的で説明できない何かがあるのではないだろうか？　考え、呼吸し、学び、話し、夢を見て、愛し、欲情し、働いて、買って、散歩し、育ち、発達し、稼いで、消費できること。これらすべてが普通でありふれた、典型的な人間の性質として暗に受け入れられている。この暗黙の了解の問題点は、その暗黙のうちに私たち自身や他者についての期待が渦巻いているということである。これらの能力は**すべて**の人間に備わっていると思われている。しかしもちろん、これは人間というカテゴリーについてのかなりいかがわしい見方——もっと学術的に言えば——同質的な見方である。私たちがみな等しく歩けて、知的にも身体的にも似たように発達し、消費社会の一様なメンバーとして稼いで払う同じ能力を持っていると想定することは、（政治家から心理学者まで）私たち人間がよく犯す間違いである。私たちは、この手の規範的な人間の能力が私たちすべての中に眠っていて、適切な社会的条件さえ整っていれば、それを解き放つ準備ができていると期待しているのだ。

障害ではなく能力を見よ。

私に子どもと会わせてくれたなら、立派な大人にしてさしあげましょう。

　我々の学校では自発的な子どもが成功します。

　適切な環境で人間の精神は健全に育つ。

　生き抜き育つ生まれつきのレジリエンスが人間にはある。

　あなたがたの子どもたちはあなたがたのものではない。彼らは生命そのもののあこがれの息子や娘である。（ハリル・ジブラーン（Gibrān 1923 = 2014）の詩より）。

　積極的にいこう（すべての善き野球ファンの口から）〔step up to the plate（打席に入る）から派生した慣用表現〕

　一生懸命やればすべてうまくいく。

　こうした言明に誰が反論できようか？　これらはとても、なんというか、合理的に見える。人間の可能性とは、もともと備わっている成長へのポジティブな可能性に他ならないという考えに、どうして反対したいと思うだろうか？　しかし、少しでも掘り下げてみれば、人間の能力はじつに多様であり——人間の能力のさまざまなスペクトラムが集団の中にあることが明らかとなる。そして能力もまた不安定なものだ。ある人の社会階層や、世界の中で住む場所、経済的な地位がもたらす効果、これらすべてがその人の能力に影響を与える。自分自身で自立しようと対処することは信じがたいほど恐ろしい。他者に依存し、守られ保護され、甘やかされることを望まない人がいようか？　こうした養育されたいという欲望は、ジャック・ラカン（Lacan 1977）のような精神分析家によれば、私たち皆の中に人生の先々まで残り続けるものなのである。にもかかわらず、自立（最初は鏡の中に見え隠れし、以後何度も私たちを映し返す）はしばしば成功した人間の成熟と結びつけられる達成とされている。しかし、この発達に関する説明を、自然で普遍的なものとして見るべきではない。

5章　私たちは人間でいられるのか？　｜　093

それどころか、いかに人間の自律性が——価値ある人間の特徴の一つとして——私たちの住む社会から歓迎されるだけでなく、**要求されている**のかを理解することは常に重要である。私たちが依存への感情的愛着とともに生きている一方で、私たちが住む社会は対極を要求しているのだ。すなわち、自立である。

　現代イギリスの教室という世界にしばし身を置くだけで、自律がいかに重視されているのかがわかる。イギリスの小学校の入学準備学級に子どもたちが入るのは、4歳から5歳のあいだだ。正式な教育課程に出くわすには信じられないほど幼い年齢である。小さい子どもたちが制服に着られているのを見たことがあるだろうか？　入学がこうした時期なのは、小学校に入るのは7歳が望ましいという教育政策をとる他国（北欧諸国の多くのような）に比較して、好ましくないと言わざるをえない。

　ひとたび入学を許可されると、子どもたちはトイレのしつけを受けることが求められる。これはイギリスの義務教育としての入学準備学級に入るにあたり、最低限の要件である。ルイーズ・ケイ(Kay 2018)によれば、イギリスの早期幼児教育政策は、子どもたちに「就学準備」のための十分な適性があることをますます求めるようになっている。すなわち三つのR、読み、書き、そろばんである。こうした教育政策は、4、5歳の子どもたちに向けて学問のために準備することを求めているのだ。私たち皆が中毒——いくつかの物や何かへの依存——の文化に生きている一方で、これは自分で自分のことができるよう求める態度を背景として繰り広げられている。私たちは生まれたときは依存的なのに、すぐに自立することを求められる。こうした自己の統御を追求することは、人間のあり方の**自然ないし本質的な**既成事実としてあまりに簡単に理解されてしまう。

　この章では、こうした能力に関する想定に異議申し立てし、別の応答を提示してみたい。それを書くにあたって、障害について、また障害と

ともに考えていこう。私の議論は私が三つの A と名づけたものを対象
とする。すなわち、健常主義、緊縮財政、アクティビズムである。

健常主義

　私たちの物質的な環境と社会的な慣習は、しばしば障害のない人を念
頭にデザインされている。階段は歩ける人を想定している。歩行者専用
の繁華街は、近隣の駐車場に頼らなくてもよいことを前提にしている。
講義室は専門家の講師の話を静かに聞く学習者向けに設計されている。
人間はこの物質的世界に参加するに際して利用可能な能力一式を持って
いるという想定があるのだ。
　障害は、私たちが生きるこの文化における健常な身体と精神について
の前提に水をさすものだ。障害者は私たちが暮らす環境に渦巻きがちな
期待を混乱させずにはいられない。障害によって、その対極にある想定、
すなわち能力に関心が向けられるのである。健常であることは、完全な
人間であることも同然とされている。そして健常であることは、典型的
で普通の人間であることが何を意味するのかを示している。社会慣習や
物質的条件、社会経済的現実を取り除けば、人間とは元気に育つ用意が
あるしそうしたいとうずうずしているものだと想定されていることが明
らかになる。
　障害学者のフィオナ・クマリ・キャンベル（Campbell 2009）が論じる
ように、典型的な人間（あるいは彼女の言葉を借りれば「種に典型的な個体」）
が現代の人間（あるいは普通の能力を持った市民）として想定されるときに
問題は生じる。健常であることとは、私たちが人間たるものとして想定
するものなのだ。家族、労働、教育といった社会制度は、その人間が健
常であると想定された場合にもっともよく対応できるよう組織されてい

る。急進的な政治運動家が抑圧された人々の物質的な状況をどうするのが一番いいのかについて独善的な意見を述べるとき、健常な人間という考えはしばしば手放されていない。政策立案者や教育機関が学校のインフラやカリキュラム、評価方法を設計するとき、健常な身体と精神を持った学習者、児童、生徒が念頭に置かれている。政党が勤勉な家族というモチーフを利用するとき、勤勉に働くために必要な技能や能力をすでに持っている（ことになっている）家族がおのずから想定されている。

　しかし、私たちみんなが知るように、こうした想定はあなたや私を馬鹿に^{assume make an **ass** of u}している（親父ギャグ失礼）。能力が暗に（人間であることの「自然な要素」として）^{and **me**}人間の本性と紐づけられているとき、重大な問題に突き当たることになる。社会学や心理学の業界では、これらは哲学的・心理学的な問題とみなされるかもしれない。

　私たちが人間を健常という、現に存在している正しい性質に支えられたものとして考えるとき、私たちは心理学的に考えていることになる。人間が実際にどうあるのか、その思い描き方は、心理学的な議論なのだ。そして、人間のあり方に関する一般的な心理学のモデル――ないし解釈――は、私たちは生まれながらに健常だということである。人間は生まれながらに健常だという広く流布した考え方を人間についての知識のスタート地点とすると、これは特定の世界観ないし哲学に結びつく。「人間について知っていることを、私たちはいかに知るのか？」というのは哲学的な問いであり、そこから人々は暗黙の理論や世界観の数々を引き出している。私たち自身をどのように理解していくかというのも哲学の問いである。能力についての日常的な理解では、人間のあり方に関する心理学的な常識や哲学的な視点が手軽に参照されている。そして私たちは、日々互いにやりとりするなかで、これらの信念や視点を携えている。こうした考えを持っていると人生は簡単になる。複雑な世界が理解しやすくなるのだ。この信念体系に批判的な評価を向けるような時間をかけ

ることは——あるいはそんな機会さえももしかしたら——滅多にない。忙しい日々のなかで、人間の本性についてどのように、なぜ理解しているのか、立ち止まって考えてみることも滅多にない。人間についての日常的な理解に関して、どんな世界観に——暗黙のうちに、あるいは明示的に——私は依拠しているのだろうか？

　健常主義は、人間がどのように世界に接近し、組織し、設計するのかに大きく影響する一つの哲学的な立ち位置である。健常主義は特定の心理学的モデル、すなわち世界に進んで関わり、関わる準備ができていて、また関わることができる人間というモデルによって支えられてもいる。こうした世界についての見方や人間の本性についての特有の想定にともなう問題は、人間性が持つ危険で、不安定で、多様で落ち着かない性質を認識し損なう点にある。さらに、健常主義は、世界から私たちに降りかかってくるものに対して、私たちが生まれながらに対処能力を持っていると想定している。健常主義は富や権力、資源へのアクセスといった人間の差異を均し、自分で自分のことができるというとりわけ言祝ぐべき人間性を称賛する。そして健常主義は、政治家や政策立案者が、人間は自分のことは自分でできるという想定に基づいた大きな決断をすることを許してしまう。イギリスの社会福祉と経済から最近の例を紹介しよう。すなわち、緊縮財政である。

緊縮財政

　「2010年5月、イギリスで保守党と自由民主党の連立政権が成立した」とボブ・ウィリアムズ＝フィンドリー（Williams-Findlay 2011: 774）は述べた。政府はただちに、高利の無謀な借り入れといった前政権の経済的な失策ゆえに、国家が未曾有の経済危機に直面していると宣言した。そ

のため、国の借金への対応として厳格な緊縮財政が求められた。メリー・クロス（Cross 2013: 720）は、緊縮財政を「多くの欧州諸国を通じて見られる「福祉」の撤回」と定義している。

その結果、重要な福祉手当の大幅な変更と削減が行われ、多くの人々の教育や健康、ソーシャルケア、コミュニティでの生活といった経験に多大な影響が生じた。緊縮は財政削減と福祉支出の抑制を推進してきた。これは多くの家族が頼りとしてきた重要なサービスの終了につながった。かつては必要な人々にサービスと手当を分配することを支持してきた社会政策が抹消されたのである。要職にあるスタッフの雇用凍結、福祉の危機的な格差に対処するために何年も前から計画されていた新しいプログラムの崩壊、非効率とみなされた給付の停止、地方自治体の予算削減が行われた。ディカイオス・サケラリウとエレナ・ロタロウ（Sakellariou & Rotarou 2017）によれば、こうした手法の効果は壊滅的な自己負担額や、妥協的な水準になってしまったケアやサポートまで多岐にわたる。

イギリスでは、緊縮政策は福祉の需要と供給のあいだでのより経済効率的な調整の名のもとで展開された。たとえば寝室税は、多くの貧しい人々はより「適した」（「より少ない」と読む）数の寝室や家族のための占有空間を必要としているという根拠のもと、彼らをソーシャルハウジングから追い出した。この転居によって家族のケアニーズを満たすことが難しくなると多くの人が主張し、不安がもたらされた。本来は存在していた利用可能な数少ない住宅を追い出された人もいたのだ。同様に、障害者生活手当〔DLA：Disability Living Allowance〕の個別自立手当〔PIP：Personal Independence Payment〕への移行は、多くの障害者の収入の低下を招いたのみならず、DLA に比べて PIP は受給者の数が 30% 近く減少している（Equality and Human Rights Commission 2017: 52）。

緊縮財政の障害者への影響はまったく犯罪的なものだ。障害のある

ジャーナリスト、フランシス・ライアンの 2019 年の本のタイトルが
すべてを物語っている。『不具——緊縮財政と障害者の悪魔化〔Crippled:
Austerity and the Demonization of Disabled People〕』（Ryan 2019）。ライアン
は障害者としての自身の経験や、イギリスにおける多くの貧困層と障害
者の生に関わった調査報道に依拠している。彼女の分析は明快だ。緊
縮財政は多くの人を、とりわけ多くの障害者と最低の生活水準で生きる
人々を崖っぷちに追いやったということである。なかには緊縮財政が福
祉の受給資格を変更したことによって、崖の向こうまで追いやられた人
もいる。

　　2017 年 3 月 30 日、生活保護〔welfare payments〕給付の削減と
減額措置を議論したイギリス議会の会期中、2007 年から 2008
年にかけての金融危機以来イギリスの政策風景の一部となった、
福祉の削減と緊縮法案の結果として亡くなったすべての人を悼む
ために 1 分間の黙祷が捧げられた。緊縮に抗する障害者〔DPAC：
Disabled People Against Cuts〕をはじめとした障害活動家たちは、
議会の外で「死人に口なし」と書かれた横断幕を掲げた（口とは、
ここでは生活保護を求めることを指す）。自死を含む緊縮に関わるすべ
ての人の死を悼むのには、1 分間の黙祷では不十分である。黒三
角運動〔Black Triangle Campaign〕やカラムのリスト〔Calum's List〕
といった活動家のグループは、そうした死についての新聞報道を
ウェブサイトに掲載し続けている。その中にはティム・サルター
がおり、彼は医療的なアセスメントを経て「就労可能」と判断さ
れたために、（目が見えず、広場恐怖症であるために求めた）雇用支援
給付〔ESA：Employment and Support Allowance〕を停止されたあと、
首を吊った。……クリストル・パルドも、（何度も訴えたにもかかわ
らず）求職者給付〔Job-Seekers Allowance〕が停止されたことがわかっ

5 章　私たちは人間でいられるのか？　｜　099

たあとに 3 階のバルコニーから飛び降りて、5 カ月になる子ども
と一緒に亡くなったため、リストに挙げられていた（Mills 2018:
203）。

　文献をまじめに読んでいくと、いくつかのショッキングな見出しが並
んでいる。

9 年の緊縮ののち：いくつかの帰結

- イギリスに住む 1400 万人の障害者のうち、多くが貧困状態にあり、
  体調不良に耐え、手の届く額の住宅すら得られず、社会的な孤立と孤
  独を感じている。
- 障害者は障害のない人に比べて 2 倍、食料難になりやすい。
- 特別な教育ニーズ〔SEN：Special Educational Needs〕のある子どもの教
  育達成は、障害のない子どもに比べて 3 倍低い。
- 16 歳から 18 歳の若い障害者は、同年代の障害のない人に比べて少
  なくとも 2 倍、教育・雇用・訓練を受けていない状態になりやすい。
- 障害者のうち学位のない人の割合は、障害のない人のそれの 3 倍近い。
- 雇用されている障害者の割合は 50% 以下である。対して、この値は
  障害のない人では 80% である。
- 障害者がいる家庭の 60% が、物質的な欠乏状態に置かれている。対
  して、すべての家庭では平均してこの値は 20% である。
- 人口全体に比べて、平均すると精神疾患のある男性は 20 年、女性は
  13 年、早く亡くなる。
- 学習障害のある人は障害のない人に比べて平均して 20 年から 30 年
  早く亡くなる。
- イングランドとウェールズの警察によって記録された障害者に対する
  ヘイトクライムは、2015/2016 年に前期に比べ 44% 増えた。

- 国連は障害者の生活に対する緊縮財政の影響をまとめたレポートの中で、障害者の状況はほとんど破滅的だと結論づけている。
- 障害者の権利が重大かつ組織的に侵害されている証拠がある。

（ちなみに、これらの数字は以下のような多くの情報源からまとめたものである。Clifton et al. 2013; Corcoran et al. 2015; Duffy 2013, 2014; Equality and Human Rights Commission 2017; Grover & Piggott 2013; Mills 2018; Mladenov 2015; Office of the High Commissioner for Human Rights（UN Human Rights）2018; Ryan 2018; Saffer et al. 2018; Sakellariou & Rotarou 2017; de Wolfe 2012; Wood 2012）

　サケラリウとロタロウ（Sakellariou & Rotarou 2017）は、緊縮財政は無力化された人々というカテゴリーをつくり出したと論じている。その人々の福祉的なニーズは忘れ去られている。こうした改革は人口のもっとも脆弱な階層に偏って影響し、住まいや移動といった基本的な権利へのアクセスを切り詰める。緊縮財政は貧困層、女性、人種・民族的マイノリティ、子ども、ひとり親や障害者にもっとも大きな影響をもたらした。これは私がここで主張しているのではなく、国連人権高等弁務官事務所（Office of the High Commissioner for Human Rights（UN Human Rights）2018）の見解である。

　緊縮財政は、常日頃から福祉の支出を削り、人々の日常における政府の役割を小さくしたいと思ってきた右派政権によって信奉されていると結論づけるのは容易い。それは事実なのかもしれないけれども、ここではより不吉なことが進行中であると私は考えている。緊縮財政は人間をめぐる健常主義的な考えを信じこんでいるのだ。個人は自分自身（とその家族）の面倒を自分で見られると想定することは、健常主義の論理と結びついた世界観だ。健常主義は私たちの多くが支援や福祉、他者から

5章　私たちは人間でいられるのか？　│　101

の援助に頼っていることよりも個人の能力を重視する。そしてこの健常主義が生み出した哲学に、緊縮財政は影響を及ぼす。緊縮財政は、人間についての根深く個人主義的な捉え方に染み入るのだ。

　私は自分の面倒を見られる。
　私は柔軟に対処できる。
　私は生存に必要な対処メカニズムを生まれつき持っている。
　私はとても競争的な社会でも生き残り成功する能力がある。
　私は人間として活躍できる。
　私は家族の健康が危機的になったときに備えて、食料とトイレットペーパーを備蓄するよう気をつけている。

　健常主義は、私たちの頭の中や肌の下に入ってくる、広く行き渡った世界観──お好みならイデオロギーと言ってもよい──である。私たちはこの世界で生きるための個人的資源を持っている──持たなくてはいけない──と、健常主義が私たちに思わせてくる。健常主義は私たちを恥じ入らせる。健常主義は私たちの相互依存を引き裂かんと脅してきて、他者からの助けを真に必要としている人たちを、たかり屋やお荷物以外の何者でもないという非難の下に服従させる。健常主義は、私たちがこの世界で一緒に生きるには他者を必要とするという感覚を打ち破り、私たちを引き離そうとする。健常主義によって、人類はばらばらに分裂しているという見方が生み出されかねない。お互いに分かたれて存在する、細かな個別の実在に過ぎないものへと私たちは貶められてしまうのだ。私たちはもはやつながりえず、お互いにぶつかり合う。「人^{man}は島嶼なり」という古い諺〔のパロディ〕が（その性差別的な雰囲気はそのままに）私たちの文化的帯域で流通している。そして自分でなんとかできることという一見して良さそうな考えが、人間の本性として強調されている。個人主

義的で自己充足的な振る舞いというもっともけしからんあり方を呈する
人々に、文化的な価値が付与されているのだ。自力で成功するのが一番
だと聞くことがどれだけあろうか。この自立を促すキャンペーンを支え
ることは、他者からの助けを求める人々の価値を貶めることだ。健常主
義は、心と精神への哲学的な旅で脱線しそうな人に伝播せんとする危険
なウイルスである。

アクティビズム

　ここまで展開してきた議論はいくぶんディストピア的な雰囲気があ
る。『侍女の物語』よりは『素晴らしき哉、人生！』型の人間として、
私はあらゆる否定性の中になんらかの肯定を摑みとりたい。希望は障害
者の政治運動の中に見出される。彼らの運動は、緊縮財政がもたらす偏っ
た影響を訴え、健常主義という常識的な考え方を撹乱し、協力的なコミュ
ニティを築く喫緊の必要性を明らかにしてきた。ボブ・ウィリアムズ＝
フィンドリーの 2011 年の論文は、緊縮に抗する障害者〔DPAC〕の登場
を描いている。「2010 年 10 月 3 日、バーミンガムで展開された、緊縮
による予算削減とその障害者への影響に対しての初の大きな抗議活動の
あとに、障害者の小さなグループが」結成された（Williams-Findlay 2011:
774）。DPAC の活動は、障害に関する政治運動の実例であるのみならず、
多くの有権者にアピールする運動でもあった。ウィリアムズ＝フィンド
リーが説明しているように、

　　それが公正で包摂的な社会をもたらすための障害のある人とな
　　い人の能力に影響するがゆえ、我々はあらゆる予算削減に反対す
　　る。我々が従事する闘争は、イギリスにおける障害者の未来の生

5章　私たちは人間でいられるのか？　103

に重大な示唆を持つ。我々の運動は、単に現状維持を目指すものでは——それは裏切り行為になりうるがゆえに——決してない。
（Williams-Findlay 2011: 777-8）

　障害の業界では、暫定的健常者〔TAB: Temporarily Able-Bodied〕というよく知られた言葉がある。これは、私たちがみな心の底では知っているように、健常な身体と精神は一時的なものに過ぎないということを認識している人々が口にする面白い言葉である。一時的というのは、その自立と自律も常に奪い去られるリスクがあるからだ。他者からの助け（要するに福祉）が必要になるかもしれない社会的な立場（たとえば仕事上のストレス）やライフコースの段階（たとえば病気や高齢期）に至ったとしたら（おそらくそういうときはある）、あるいはより顕著には（世界的パンデミックのような）国家の危機において、とくにそうだろう。それゆえ、健常主義的現状維持という利己的な個人主義と、緊縮財政の忍び寄る悪影響は、障害者にとっての心配ごとであるのと同じくらい、TAB にとっても心配ごとであるはずなのだ。福祉サービスの削減とそのネガティブな帰結は、多くの人々の生に影を落とす。多くの障害者が真っ先に打撃を受けることは疑うべくもないが、TAB もまたこの危険な成り行きの影響を免れ得ない。緊縮財政に抗した組織化は、健常主義——人は他者を頼らずに生きていけると想定する分離主義的な人間性の哲学——への抗議なのだ。そして障害者運動はコミュニティづくりの新しいかたちをめぐる議論と試行の源となってきた。フランシス・ライアン（Ryan 2019）の『不具』は、イギリスの歴代政権による人間を人間扱いしない緊縮財政の影響の、うんざりするような詳細を綴っている一方で、こうした生活を危機に追いやる予算削減に対しての闘いを障害者たちが主導してきたことを疑いなく示している。

　ここにおいて疑問が生じる。障害者でないが TAB であるような我々

は、どうやったら緊縮財政の影響や健常主義の支配と闘う障害者の運動に加わることができるだろうか？　章の冒頭に引用したパンクエレキバンド、スリーフォード・モッズの詞が、こうした政治に TAB のアーティストが関わる方法のほんの一例である。映画監督のケン・ローチの作品『わたしは、ダニエル・ブレイク』も、緊縮財政によって傷つけられた人々との連帯を模索する、TAB によるクリエイティブ産業からのまた別の素晴らしい貢献だ。それに、イギリスでは、TAB と障害者が集合的な抗議活動で一緒になって、ここ数年のあいだにいくつもの反緊縮集会が開かれている。これらはすべて、**集団として人間でいられる**ことの例である。

　お願いしてもよいだろうか？

　このページにアクセスしてみてほしい。

　https://www.sheffield.ac.uk/ihuman/our-work/marginalised-humans/human-activism

　ページを下にスクロールすると、Human Activism: Speakup Self Advocacy Rotherham というタイトルの短い動画へのリンクがある。数分だけだから、この動画を見てもらえないだろうか。この資料を紹介したのは、これが障害者が緊縮財政と闘う一つの方法を示しているからだ。そしてあなたがもし TAB なら、あなたはきっと、私のように、障害者から学ぶことが多くあると思う。

結論

　この章を枠づける問いは間違っていたのかもしれない。代わりに、私たちが人間であるために、私たちには他の人間への（さらに言えば人ならぬものたちへの）正しく適切なアクセスがあるのかと問うべきだろう。適

切な経済的・物質的条件があればひとりでもうまくやっていける人はいるだろう。しかしそれ以外の残りの人は、まぁなんというか、生きるために他の人にもっと依存しているのだ。人間の能力を──あるいは人間であるための能力を──中心に置くことは、自立と自足を信条とする人々に都合のよい世界観を特別扱いすることだ。そうではなく、私たちの人間性が他者との関係を通じていかにつくられているのかを考える必要がある。そしてこの相互関係は、ある人々の人間性が危険に晒され切迫した状況にあるときにこそ、強調され、よりよく理解されなくてはならない。私が書いているのはそういうことだ。

6章 デジタルの時代に
人間であるとはいかなることか？

　今日はログインしただろうか？　ベッドから出てスマホに手を伸ばした？　マウスやトラックパッドを何度もクリックした？　Wi-Fi がなくて心理的な苦痛を感じたことは？　画面を見ている時間を気にしている？　デジタル中毒をなんとかしようとしている？　Amazon、Apple、Google、Facebook やその他の巨大テック企業の独占、モラルや倫理は気がかりだろうか？　次なるデジタルヒットを追い求めている？

　これらは私たちが自分自身に、そしてみずからもそこで生きるデジタルカルチャーに向けて毎日問いかけているもののほんの一部だ。いまや 30 億人がインターネットに接続していると推計されている。富める人と貧しい人のあいだには、疑う余地なく巨大なデジタルデバイドがいまだ存在する。とはいえ、デジタルな参加は世界中で指数関数的に伸びてもいる（Graham et al. 2017）。私たちの多くは、私たちがすでにデジタルの世界を知っているという考えを持ってもいるだろう。それは私たちの日常生活のあらゆる側面を覆っている。私たちがスクリーンで明滅する要求や、スマートデバイスからの通知の手招きから遠く離れることは滅多にない。アレクサや Siri は常に私たちの声に耳を傾け、私たちが次にオンラインでする買い物を先読みしてニュースが配信され、最新メッセージを告げる通知が鳴り、SNS ではバストアップ画像が爆発的にバズるのをいまかいまかと待っている。私たちはデジタルの世界を、いま

107

や私たちがその一部であるそれを実感している。しかし、私たちは政治家やセラピストから、デジタルな参加が私たちの精神衛生にもたらす悪影響について教示されている。私たちは子どもや若者によるデジタルなものの利用を懸念しており、とくに年配であるほどその悪影響を大きく見積もっている。しかし、デジタルなルーティーンに巻きこまれているのは私たち全員だ。オンライン上での私たちのコミュニティには、政治的意見や、音楽・買い物・映画のジャンルの好みを共有する人たちがいる。COVID-19の世界的パンデミックの中で、オンラインの世界はなお一層重要になっている。デジタルの世界は私たちを異なった技術的階層に分断してしまった。完全に接続された人と、そうでない人だ。それでもなお、私たちはタイピングし、ダウンロードし、アップロードし、クリックし、開き、閉じ、また開く。あらゆる支配的な文化的実践——私たちがすでに知っていると思っているもの——に対してと同じように、私たちには批判的見地からその想定を再検討する義務がある。

　ここにおいて、研究と学問が役に立つ。

　この章では、デジタルなものの研究者によって慎重にまとめ上げられた文献を臆面もなく利用する。他の章に比べて参考文献が少々多くなるだろう。デジタルカルチャーの分析に押し入り、デジタルなものの人類学者、社会学者、地理学者、教育学者、心理学者によってすでになされた解釈と調査を参考にしてこれを精査したいからだ。この章では、あらためてデジタルの世界について考えるために、古典的な人類学的転回——慣れ親しんだものに違和感を持つこと——を採用する。ベネデッタ・ブレヴィニ（Brevini 2015）は、新たな技術について三つの問いを考えるのがよいと書いている。すなわち、なぜそれは生まれたのか（歴史的文脈を提示する）、何を解決すると主張しているのか（新しいプロダクトのリリースに際しての宣伝文句を紐解く）、経済的・文化的な貢献は何か（その登場にともなう物語とその構築を検証する）。私は三つの主題について取り組むこと

で、デジタルな技術の歴史的・応用的・帰結的側面のいくつかについて考えたい。すなわち、デジタルな主体、デジタルな運動家、デジタルな犠牲者である。そのあいだも最初の問い——障害についての問い——に都度立ち戻ろう。

デジタルな主体

　教育研究者のリアン＝チュウ・モン（Meng 2014）の主張するところでは、現代はビッグデータが遍在する点で特異な時代である。たしかに、データがアナログからデジタルへと移行したことで、私たちは果てなき量の情報を集め蓄えられるようになってきた。しかし、おそらく私たちにとってより重要なのは、インターネットの登場と拡大が人間性についてのより深い問いを投げかけていることだ。ライエル・デイヴィスとエラーナ・ラズロゴヴァ（Davies & Razlogova 2013: 6）は、「18世紀の雑誌や19世紀のブロードサイド〔片面刷りの大判印刷物〕、電報、電話、ラジオ、テレビといった」デジタル以前のものを含む新しいメディアは、常に問いを投げかけられてきたと述べている。私たちのデジタル時代にとくに興味深いのは、情報やアプリ、プラットフォーム、サイト、デバイス、そしてデジタルコミュニケーションと情報技術の利用を通じた、日々のデータ産出のとてつもない拡大である。「古い記録の継続的なデジタル化だけではなく、オンラインサービス、検索エンジン、SNS、オンラインショッピング、携帯電話」への「絶え間ない接続可能性」とアンドレア・カルデラロ（Calderaro 2015: 1114）が呼ぶものを通じて、ビッグデータは再生産されている。私たちのSNS上での活動、写真、動画、タグ、ツイート、クリック、チェックアウト、マップ、チェックイン、予約、更新、アプリ、メッセージ、いいね、添付ファイル、シェア、アップデー

6章　デジタルの時代に人間であるとはいかなることか？ | 109

トについて考えてみよう。すべては Google や Facebook、Instagram、Twitter を含む巨大なデジタル・プラットフォームと私たちとの関わりを通じて産出されている。イギリスでは、2022 年に人口の 70% にあたる人々が SNS を利用している（Poushter et al. 2024）。クラウドコンピューティングの登場により「個人や組織のためのデータやアプリ、サービスの保存、処理、配布」の余地はさらに広がった（Brevini 2015: 1111）。「世界中の人と場所について、数え、分類し、記録し、生産する」という定量化の誘惑によって、私たちは「私たちの生活のあらゆる要素がデジタル化されている」ことをある程度知ってもいる（Punathambekar & Kavada 2015: 1075）。ジュゼッペ・ロンゴ（Longo 2019: 75）が論じるように、「宇宙から脳に至るまで、DNA から経済に至るまで、すべては離散的な情報処理、数的でデジタルなプログラムの対象となり」、アスウィン・プナタンビカールとアナスタシア・カヴァダ（Punathambekar & Kavada 2015: 1076）が述べたように、「コンピュータを用いた方法の進歩は、測り、確かめ、知ることができる範囲を拡大した」。

しかし、ビッグデータの勃興は政治的・倫理的に厄介な問いをもたらすことにもなった。私たちはデジタルコンテンツに文字通りのめりこんでいる。ビッグデータは私たちのまわりを渦巻いている。答えはクリック一つでわかる。しかし、これで私たちは文化的・道徳的に豊かになったのか、貧しくなったのか（Ibrahim 2017: 2）？　Facebook でどれだけかわいい猫の動画を見ただろうか？　読んだものがフェイクニュースだった回数は？　スクリーンを見る時間を心配したことがあるだろうか？　じっくり考える必要があることは明らかだ。ロンゴ（Longo 2019: 75）が言うには「私たちを取り巻くコンピュータがらみの愚かさについて、共通に理解されるべきことがある」。一つの有用な考えは、オルガ・ゴリノヴァ（Goriunova 2019）の言うように、私たちが皆——多かれ少なかれ——デジタルな主体であるということだ。

この概念には、データ上のプロフィールとしての主体や
Facebook のホーム画面に流れてくるもの、閲覧履歴や検索ワー
ド、携帯電話の位置情報、銀行取引、センサーデータ、顔認証デー
タ、生体運動認証データ、e メールの受信ボックスなどを含む。
それゆえデジタルな主体は、唯一かつ一貫したものとして記録さ
れる生物学的特徴と、シンボリックな表現、司法的に推定される
行為の主体、遂行されたアイデンティティといった計画的な形態
の両者のあいだを動く。(Goriunova 2019: 126)

　人間は、世界に残したデジタルな痕跡と深くつながっている。私たち
の私的な生活の要素が、そうしたデジタルな残存物を通じて記録され、
描かれ、共有され、語られる。そして公私の区分はしばしば曖昧だ。私
たちはデータとして多くの要素に分散しているように思える。私たちが
何者かということ——心理学・社会学でのアイデンティティをめぐる研
究で伝統的に扱われてきた問い——には、私たちが世界に残すデジタル
な足跡を通じて、ある部分では答えが出たのかもしれない。私たちはデ
ジタルなものにどっぷり浸かっているので、身体的な世界とオンライン
の世界を分けるのは間違いだろう。端的に人間の生活の多くがこれらの
世界の双方で、またそのあいだで行われているからだ。実際、人類学者
のトム・ボールストーフ（Boellstorff 2016）は、現実の（身体的な）文化と、
バーチャルの（デジタルな）文化を分けるのはデジタル以前の考え方をし
ていた時代の古い名残であり、私たちが本当に議論すべきなのは、「デ
ジタルな現実」という言葉なのだと論じている。しかし、**私たちが自分
たちでデジタルな関わりを統御している、すなわち私たち自身のデジタ
ルなものの利用をめぐって私たちが決定し、管理していると考えるのは
誤りだろう。他の文化的空間と同じように、デジタル世界もまた、関わ

りについて社会的な慣習と規則をつくり出さずにはおかない。そしてあらゆる文化の例に漏れず、デジタルな文化はその成員を、その世界での特定の存在のあり方に服従させる。

　マライレ・カウフマン（Kaufmann 2015）は、リチャード・グルーシン（Grusin 2010）の著作を参照しつつ、私たちが**媒介性**──（私たちのデジタルな活動を通じて）情報が生産され広まることで、そのユーザー（私たち自身のことだ）の振る舞いや行為、性質が影響を受ける状態──の時代に生きているという。それゆえ、Facebook に新規投稿するときに、Instagram のフィードにアップロードするデジタルな仮面を意識的に選ぶときに、そして Google 検索やショッピングの選択でのわがままさの中に、私たちは主体性を感じているかもしれないけれども、未来のデジタルな振る舞いや欲望を効果的に形づくるために私たちのデータが使われるプロセスの中に、私たちは必然的に引きこまれているのだ（Kaufmann 2015: 976 を参照せよ）。ここにおいて、私たちは**アルゴリズム**という権力に思い至る。それはインターネット検索、消費の決定、SNS でのやりとりや、多くのデジタル・プラットフォームにおける私たちの相互行為に応じて、私たちのデジタルなデータを個人ごとに整理しつなぎ構成するという、数学的なルールとコンピュータによる論理だ（Neyland 2015）。これら組織化するアルゴリズムは、ヤスミン・イブラヒムが力強く明言したように、デジタルな主体としての私たちの行為を方向づける。

　　　インターネット上の言説はエンパワメントや責任追及の言説を賛美する一方で、インターネットから利益を得ようとする強い願望は、情報を産業の基準で整序する機密のアルゴリズムと密接に結びついてもいた。オープンで民主的なインターネットという私たちのユートピア的観念は、アルゴリズムの機密性を通じて、商

規制によって保護されうる企業秘密の一形態としての資本の論理
に同時に組みこまれてもいたのだ。(Ibrahim 2017: 5)

　インターネット上の主要企業は大金を得る。もちろん、私たちはみず
からのデジタルな参加を通じて、彼らのマーケティングのプロセスに引
きずりこまれる。それゆえ、アルゴリズムとはFacebookのようなプラッ
トフォームの背後にある隠されたコードなのである。そうしたプラット
フォームは、

　　トラフィックを増進し、ネットワーク化されたアテンション・
　　エコノミーを最大化する特定の属性を抽出することによって作動
　　する。この観点からすると、資本の論理にともなう動きの中で、
　　アルゴリズムは複雑で、隠され、厳重に守られ、非静的で、反復
　　的である。(Ibrahim 2017: 5)

　アルゴリズムは、その人が未来にするであろうことが「既存のデータ
に遺された生活の痕跡からすでに可視的な」利用者、消費者、個人に狙
いを定めている（Amoore 2009: 57）。ルイーズ・アモール（Amoore 2009:
52）は、「大量かつばらばらのデータパターンから規則性を見つけ出す」
ことを通じて、アルゴリズムは人や場所、出来事のあいだの関係を明る
みに出し、解釈し、提示するのに用いられると述べている。これらは「ア
ルゴリズムのシステム」が持つ「社会化の傾向」であり（Neyland 2015:
128）、そこでは、ターゲットとなった人間が誰でどこにいるのかを突き
止めることが、商業と消費、移動、軍事戦略、国家的な監視の領域にま
たがっている（Amoore 2009: 58）。アモール（Amoore 2009: 53）によれば、「一
見して中立的でもっともらしいテクノサイエンス」の装いのもと、アル
ゴリズムによる文化的実践が、政治的な困難、差別や暴力すらも覆い隠

6章　デジタルの時代に人間であるとはいかなることか？｜113

すことを私たちが看過してしまうという危険がある。本来は平和運動家が戦争の恐怖を示すものとして投稿した画像が、露骨な暴力描写と捉えられたために Facebook で BAN された例を考えてみよう（Ibrahim 2017: 9）。これと対照的なのが、2016 年のアメリカ大統領選挙に多大な影響を与えたフェイクニュースの作成に関与したと誇らしげに主張したマケドニアの多くのウェブサイト運営者の報告である（CNN 2017 を見よ）。アルゴリズムの利用と適用は価値中立的ではありえない。アルゴリズムの力は、反対の意見を持つ人たちとのつながりを断つことと引き換えに、私たちを自分たちと同じような考えを持った人たちとつなげる。こうした計算機的なルールは、私たちをより広い言説や議論から遠ざけるかもしれず、その還元主義的な力に私たちは留意する必要がある。2019 年のイギリスの選挙は、特異的で分離し閉じこめられたオンラインコミュニティの性質の一例に過ぎないのだ。

　さらに、こうしたアルゴリズムを通じて生み出される莫大な量のデータによって、その内容と所有権についての疑問も浮上する。アニータ・チャン（Chan 2015）は、巨大企業によるビッグデータの独占と、健康から農業、教育、金融サービスに至るまで、さまざまなセクターにおけるそうしたデータの利用（ないし悪用）について疑問を投げかけている。実際、政府の大規模なデジタル監視に関する世界でもっとも有名な内部告発者の一人──エドワード・スノーデン──は最近、アメリカ他の政府が、巨大なインターネット企業からの支援を受けて、地球上のすべての人についての永久的な記録をつくり、日常生活のすべてを記録する方向に向かっていることの影響について、懸念を表明している（MacAskill 2019）。このことは、デジタルな主体をめぐるまた別のホットな話題とつながっている。**プライバシー**である。SNS ユーザーは、そのデータの利用（あるいは、知られてきたように、データ・マイニング）についてどう思っているのだろうか？　ヘレン・ケネディーら（Kennedy et al. 2017: 272）

は文化的逆説を明示している。オンライン上に個人のデータが存在することへの懸念は小さくなっていることを示す研究と、不安が増大しているという研究の両方があるのだ。ケネディーたちが明らかにしたように、社会的なプライバシー（ネットワーク上の誰が情報へアクセスできるかをコントロールすること）と、制度的なプライバシー（SNS のプラットフォームや営利企業、政府が、個人情報をマイニングすること）の違いが、この矛盾の核心である（Kennedy et al. 2017: 272）。彼女らは、私たちの多くが制度的なプライバシーにはあまり頓着していない一方で、社会的なプライバシーを気にしていると結論づけている。デジタルな主体として、私たちは倫理的・政治的な多くの論争に巻きこまれているのだ。

デジタルな運動家

　生来の不平等とビッグテック企業による独占にもかかわらず、私たちのデジタルな生活には大きなチャンスがある。とくに、SNS は人々に、障害のある人にもない人にも等しく、多くの手段を切り開いた。SNSは活力を与えてくれるようなオンラインのコミュニティや交友関係、連帯を築き維持する可能性を秘めている。それは現実の世界ではアクセスを理由に障害者が拒絶されていたかもしれないものだ。
　私はいま、同僚であるカースティ・リディアードやキャサリン・ランスウィック＝コールとともに、多くの若い障害のある女性と緊密に連携した研究プロジェクトに従事している。「Living Life to the Fullest」（https://livinglifetothefullest.org）は、そうした女性の専門性と経験に依拠し、彼女たちをチームの協力研究者（ないし共同研究者）として位置づけている。私たちの関心は、そうした研究者たちが生活で直面する課題を探究し、またそれだけでなくその意欲と野心について学ぶことにある。その

6章　デジタルの時代に人間であるとはいかなることか？ | 115

若い女性たちはみな、余命に影響があるような、命に関わるインペアメントを持っている。このことは、人生が普通よりも短いだろうという見通しを医療専門職から与えられて生きていることを意味する。この診断は、愛する人の不安や専門職からの要求にしばしば対処しなくてはならないことを意味する。プロジェクトを通じて明快になったのは、彼女ら障害のある共同研究者が、直面するバリアと闘っているのと同じくらい、可能性に溢れた毎日の生活を送っているということである。一緒に議論し論文を書く中では、活動的な研究者としてプロジェクトやその他のことに関わるためのサポートの仕組みや、交友関係やコミュニティ、場所へのアクセスを提供するものとして、デジタルカルチャーが強調された。共同研究者の一人、大英帝国五等勲爵士であるルーシー・ワッツが話してくれたように、

　　　SNS は、障害のある人や余命にかぎりのある状態の人に必要不可欠の助けとなっている。SNS によって、自身にある制約とは関係なく外の世界と関われるようになり、友人や家族と話し、地域や国、あるいは世界中の患者・症状・障害のコミュニティとつながって、世界の最新情報についていき、社会運動や啓発活動に貢献し、ボランティアの機会につながれる。そこには私たちが「Living Life to the Fullest」でこうしてやっているように、共同研究者の仲間たちと一緒になって研究に貢献できるようになることも含む。そこでは、Skype や Facebook Messenger、WhatsApp といった SNS やテクノロジーを用いて、私たち共同研究者がインタビューを実施し、データを遠隔で集めている。SNS は単なる社交以上のものになりうる。それはさまざまなニーズや用途に対応できる、素晴らしいプラットフォームである。私にとって、Facebook は私を世界中の人々につなげ、家族や友人

と話したり、私の生活や近況、写真やその他のメディアをシェア
したり、情報収集、リンクやブログのシェア、社会問題について
の啓発、イベントや一連の仕事についての告知、私自身や他の人
の代理で行うこともあるが、研究やプロジェクトへのリクルート
といった諸々を通じて、私がボランタリーな活動をしたりする
ことを可能にしている。（https://livinglifetothefullest.org/2018/06/22/
social-media-and-digital-legacy/）

　デジタルな参加の可能性と実現をめぐるルーシーの認識は、私たちが
デジタル・アクティビズムの一つのかたちとして理解するものを明確に
しつつある。SNS が政治運動の組織化と拡大に大きな影響を持ってき
たことは疑いない。アラブの春（チュニジア、モロッコ、シリア、リビア、エ
ジプト、バーレーンでの民主化を求める一連のデモ）や、雨傘運動（2014 年後半
から 2019 年にかけての香港で起きた座りこみ抗議運動）のような近年の政治的
蜂起は、参加者を動員し、デモを組織して運動資源を分配するために、
SNS を大きく頼りとするものだった。私たちの多くは、**クリックティ
ビズム**運動と呼ばれるものに関わってもいる。それは大義の実現のため
に SNS やその他のオンライン上の方法を利用するというもので、オン
ラインの請願書を立ち上げ署名することから、より込み入ったオンライ
ンの運動に至るまで、多岐にわたる。クリックティビズムは、アクティ
ビズムが公共の場でその存在を示す際に歴史的に行ってきた、典型的な
街頭での行進や運動にアクセスできない人々にとって都合がいい。そし
て Twitter はとくに政治的な議論のプラットフォームとして声を上げや
すいものであった。Twitter のハッシュタグ、#everydayableism がその
一例だ。そこでは、非障害者向けの世界で障害者が耐え忍ぶ日常の経験
が、しばしばユーモアを交えて伝えられている。

この9日間で家を出たのは2度だけだ。痛みと疲労が原因だが、メンタルヘルスでなお悪化した。前回は杖が必要だった。外出したのは1時間足らずだったが、そのときは少なくとも5組の人やグループが私をじろじろ見るか笑うかした。#EverydayAbleism

14:18 2019年2月12日 Twitter for iPhone

親愛なる年配白人クリスチャンの人々へ、私が家を出て外にいられることを祝福するのはおやめください！ よかれと思ってなのはわかりますが、不快です。私は強く自立した若い女性です。#EverydayAbleism #Ableism

5:44 2018年2月18日 Twitter for iPhone

この投稿へのリプライ

「神はあなたを罰したのだ。願わくばさらにもっと罰しますように」と言われるのを待ってろよ。

7:44 2018年2月18日 Twitter for iPhone

この投稿へのリプライ…ほか4件

地下鉄で、市役所職員が汗まみれのジムウェアが詰まったバッグを私の膝の上に置いたことがある。私は恐る恐る彼を見て、「え？　やめて！」と言った。彼は謝りもせずにバッグをどけた。ショックだったけど、平等のトレーニングとしては素晴らしい話だった。彼はいまや有名な馬鹿者だ。

3:51 PM 2020年1月4日 Camden Town, London Twitter for Android

この投稿へのリプライ…ほか 4 件

最悪。地下鉄で誰かが私の頭に寄りかかってる。

9:56 PM 2020 年 1 月 4 日 Twitter for iPhone

　これらのやりとりは、障害者のあいだで対話、コミュニティ、共感が形成される機会を捉えている。総じて SNS 上の議論では、多くの障害者が不在だという事実を気に留めなくてはならない。とりわけ書かれた言葉が障害者自身のものではないときや、現に障害者がデジタルに排除されているところにおいてそうだ。こうしたオンラインの活動において誰がいなくなっているのかを常に問わなくてはならないのである。にもかかわらず、**障害者運動**がデジタルな活動によって活気づいてきたことは疑うべくもない。ロンゴ（Longo 2019: 88-9）が記したように、「コンピュータネットワークがつくられたことによって、私たちはみな緊密になり、人間の多様性を認識し、これをもって私たちみなの経験を豊かにして、新たな発想のインスピレーションが得られる、かつてない機会が提供された」。ロージ・ブライドッティとマシュー・フラー（Braidotti & Fuller 2019: 7）によれば、「経済的・政治的・生態学的な観点から不安定で不吉に思える現代においては、規模や場所を越えて」連帯しなければならない。そしてここにおいて、境界を跨いで境界を破る、汎国家的な SNS の可能性が真価を発揮する。

　デジタルな障害者運動の可能性をめぐるとりわけ説得的な一例は、#JusticeforLB キャンペーンである。

JusticeforLB http://justiceforlb.org/

　LB とは誰か？　LB とはコナー・スパロウホークのことだ。LB はバスとロンドン、エディ・ストバート〔イギリスの実業家、お

よび彼が創業した同名の物流会社〕、そして自分の考えを語ることを
愛する健康な青年だった。彼はオックスフォードに住んでいて、
地元の特別学校の第6学年にいた。LBは自閉症と学習障害、て
んかんの診断を受けていた。

　LBは何の略か？　LBとは、コナーがオンラインで使っていた
名前、笑う男の子の略だ。これを見ればわかる。

　　　　　https://www.youtube.com/watch?v=CTa9IRDkQUU

　LBに何が起きたか？　大人に近づくにつれLBの様子は変わ
り、2013年3月19日にサウザンヘルスNHS財団トラスト◇が運営
する病院で短期評価・治療チーム〔STATT：Short Term Assessment
and Treatment Team〕の入院ユニットへ入ることが認められた。
2013年7月4日にLBは風呂で溺死した。まったく防げるはず
の死だった。（http://justiceforlb.org/faqs/）

LBの母、サラ・ライアン博士はこう説明している。

　NHSのケアにいながら、防げたはずの死で我が子をなくすこ
とがどういうことなのか、私には説明できません。風呂で溺れる
だなんて。まったく理解できません。コナーの死因が自然死だっ

◇NHS財団トラスト（NHS Foundation Trust）は、イギリスの非営利公益
　法人。国民保健サービスであるNHS（National Health Service）の一部
　でありつつ、病院の運営をはじめとした医療サービスを政府からある程度
　独立して提供している。

たと理事会の議事録ですぐに報告されて、その理解不能っぷり
はいや増しました。恐怖と不信に満ちてほとんど呆然としたな
かで、私たちは説明責任と改革を求めました。学習障害のある
人の早すぎる死に関する秘密調査〔Cipold：Confidential Inquiry into
Premature Deaths of People with Learning Disabilities〕の結果とコナー
の死への対応を線でつないで、私たちはサウザンヘルスでの他の
予期しない死を調査するレビューを依頼するように当時の英国
NHS の最高責任者、デイヴィッド・ニコルソンを説得しました。
#JusticeforLB キャンペーンが始まったのです。それは予算もス
タッフも上下関係もなく、ルールもフォーマルな組織もない、た
だ献身と愛、専心だけがある多様な人々の共同体となり、そうあ
り続けています。私たちは、議員立法法案、短編映画、2 本のア
ニメーション、短編演劇、キルト、二つのグラストンベリーのお
祭りで高々と振られ、オークランドでニュージーランドの障害者
権利委員と写真に撮られた旗を一緒に制作してきました。ニコル
ソンが委任した死についての調査結果は、最終的にクリスマスの
前に発表され、想像したよりもはるかに悪い数字が明らかになり
ました。ある人々の生と死に対するぞっとするような軽視がある
のです。(Ryan 2016: np)

　JusticeforLB の成功の鍵は、運動の主宰者と協力者が、(たとえば、障
害のある人とない人、専門職と患者、研究者とアーティストのあいだの) 境界を
跨いだコミュニケーションとコミュニティ形成の手段として、先手を
打って Twitter を使ったことにある。それは地球上に広がっていった
(Ryan 2017 を見よ)。思うに、このことはマライレ・カウフマン (Kaufmann
2015: 973) が**サイバー・ヒューマニタリアニズム**と呼ぶものの好例となっ
ている。JusticeforLB は知的障害のある人がいかにコミュニティで誤解

されたままでいるかを示すだけでなく、この運動は人間同士の真のつながりをつくり出してもいるのだ。LB と彼の家族が残したものの一つは、彼らが障害者運動を活性化させ、知的障害のある人を人間についての議論の核心に置いたということだ。SNS は、障害についての常識的な理解に挑むこと、たとえば、知的障害のある人はどうも人間以下だといった考えを解体することに大きな役割を果たした。さらに、Twitter のようなプラットフォームは、それがなければお互いに関わる機会を持たなかったような人々をつなげる真の力を持っている。JusticeforLB は障害者運動として開始されたが、それ以上のものに急速に成長した。すなわち、教育、医療、ソーシャルケアの一般的なシステムにおいて、誰がその価値を評価され、誰が貶められているのかについてのヒューマニズムをめぐる対話である。しかしこの知識生産の民主化は、もちろん諸刃の剣である。デジタルカルチャーは包摂的な出会いを促進する一方で、より邪悪な目的に使われるものでもあるのだ。

デジタルな犠牲者

2019 年 5 月、障害慈善団体のレオナルド・チェシャーが報告したところによれば、2016／2017 年から 2017／2018 年にかけて、障害者へのオンライン・ヘイトクライムは 33% という驚くべき増え方をした。SNS を瞥見するだけで、すぐさま差別的なミームや gif に出くわす。オンライン上での煽りや罵りはデジタルカルチャーにおける日常茶飯事になってもいる。リア・バーチ（Burch 2018）は、イギリスにおいてオンライン上の障害差別的なヘイトスピーチが増加していることを、説得的かつ衝撃的な分析から報告している。彼女は Reddit という掲示板つきの情報集約 SNS を分析した。障害関連のニュース記事を対象とした分

析の結果、彼女は障害についての強烈に攻撃的な表現が数多くあることを突き止めた。彼女が論文で取り上げた要素の一つに「捨てアカ」がある。掲示板には同一のユーザーが保持する複数のアカウントから投稿されたスレッドがある。ユーザーはその場かぎりの ID を利用し、結果として匿名性を維持することが可能となっているのだ。こうした捨てアカによって、ユーザーはなんの説明責任もなしに問いを投げかけることができるようになる。たとえば、あるスレッド「親愛なる障害児の親たちへ、子どもをつくって後悔してる？　それとも子どもがいてもっと幸せな人生になった？」(Reddit 2012) に関して、バーチ（Burch 2018）は次のように述べる。

　　捨てアカを使うことでオフラインでの人物が容易に特定されなくなるため、本音のコミュニケーションが促進される。実際、このスレッド内の多くのコメントは、障害に関して明らかに否定的で軽蔑的、非人道的なものだ。たとえば、障害は「生きるに値しない命だ」(Reddit 2012)「〔障害のある〕赤ん坊を安楽死させるべきだ」といったコメントは、障害について語られるストーリーに対して考えが足りていないことを示している。くわえて、「スペシャルニーズのある人」「くそ知恵遅れ」「このダウンの子」「知障の子」といった言葉の使われ方は、明らかに障害差別的なものだ。(Burch 2018: 404)

　こうした投稿を通じて、障害に対する否定的な態度のアマルガムがオンライン上でつくられていく。ビッグデータが絶え間なく増殖していくなかで、こうしたコメントを禁止や管理、取り締まりするのは絶望的な作業だ。障害者は SNS 上の議論で受動的な対象、すなわち顔と名前のない、匿名のキーボード戦士たちのような現代的なデジタルの主体に

とっての、好奇心をくすぐる人物とされる危険に晒されている。ここに観客を魅了するために障害者がお披露目される、21世紀版のフリーク・ショーがあるのだ。しかしこの文脈においては、観客は議論を始めるように（そしてどれだけのクソ野郎だったとしても投稿するように）背中を押された参加者でもある。障害者のほうもそうした議論に参加する力を持っているという人もいるかもしれない。しかし、率直に言って、会話がこれほど毒されているときに誰が関わりたいと思うだろうか？　これは私たちのデジタルカルチャーのよりディストピア的側面のようだ。なんでも書きこめて、どんなトピックでも見つかり、あらゆる考えが投げこまれ、あるいは言いっ放しになり、誰もがしっぺ返しを受ける心配なしに見解を述べることができる場所がつくられたのだ。どのようにお互いが関わるかについてのより大きな問題を提起するために、このような議論にどう介入できようか。たしかに、こうしたオンライン空間は真剣で重要な対話をするための場所ではないが、ではこうした無規制の移ろいゆくオンラインコミュニティのどこで、理性的な議論の場所を見つけられようか？　障害は人種やセクシュアリティ、ジェンダーに関するような政治的争点化の恩恵に与っていないから、こうしたオンラインの動きは障害についての古めかしいものと同じ、痛ましく病理的なストーリーを再生産する危険もある。

　デジタルな犠牲者はオンライン上で見つかるばかりではない。コンピュータの物理的な部品の製造と電子商取引は不平等と全世界を覆う不均衡をもたらした。Uber や Amazon、テイクアウトできるお店のフードデリバリー・ドライバーといった**ギグ・エコノミー**とは、アプリを開いたり、オンラインで取引することによって生み出される労働である。イギリスでは人口の10人に1人が運送料や配達料で賃金を支払われており、ゼロ時間契約〔契約上の規定労働時間がなく、使用者の求めに応じて、その都度働き賃金の支払いを受ける労働形態〕で生活している可能性があ

124

る（Kobie 2018 を見よ）。それゆえ、ある消費者のつかの間の気軽な買い物が、低賃金の配達ドライバーにとってはストレスの溜まる積み下ろしになるのだ。

　マーク・グラハムら（Graham et al. 2017）は、ギグ・エコノミー研究に関する私たちの知識を、とくにサブサハラアフリカと東南アジアにおけるデジタルワーカーにまで拡張している。これが労働の機会を実際に開いている一方で、劣悪な労働環境となっているデジタル関連の工場がつくられているという懸念もあるのだ（Graham et al. 2017; Jozuka 2016）。フィリピンのデータ工場や中国の人工農園は、コンピュータの前に座りAI とロボットが利用するためのタグやラベルを画像につけて時給 1 ドルの低賃金を得るという新しいデジタルな労働の、ほんの二つの例に過ぎない（Campbell 2019; Wu 2018）。これにくわえて、電子廃棄物——とくに中国とインドで顕著な、使い終わった大量のコンピュータ部品のゴミの山（Tang 2016 を見よ）——もあるし、豊かな国と貧しい国のあいだの懸隔は昼夜ほど明確になってもいる。労働の機会となり、電子機器のリサイクル・再整備があるにしても、こうしたゴミの山の近くで住む人々の健康や福祉に大きな影響があるという証拠は枚挙に暇がない。スマホにタブレット、コンピュータは、消費者が常に最新モデルを求めるように、初めから時代遅れになることを織りこみ済みでデザインされている。裕福な人々の使い捨て文化は、途方もなく有害な影響をそうではない人々にもたらしているのだ。

　そしてビッグデータの増大は、私たちがデジタルな生活を始めてしまうとしばしば皆から無視される環境危機であるところの、電子廃棄物の増大と密接に関連している。ヘレン・ミコーシャ（Meekosha 2011）は、貧しい国の子どもたちが電子廃棄物を漁ることでかろうじて生計を立てている様子を描いている。しかし、その労働で得られる粗末な対価は、電子廃棄物の焼却時に発される有毒ガスに晒されるリスクという個人に

6 章　デジタルの時代に人間であるとはいかなることか？　｜　125

課される途方もないコストと引き換えだ。マヘシュワル・ドゥウィヴェディとリンク・クマールミッタル（Dwivedy & Mittal 2012）が気づかせてくれるように、電子廃棄物は——他の都市ゴミと違って——環境を汚染し人体を傷つける鉛やカドミウム、水銀、ヒ素といった重金属や有害な化学物質をはじめとして毒性のあるパーツを数多く含んでいるので、なおさら有害である。サビーネ・ルベル（LeBel 2016）は、「先進」国におけるもっとも急速に発展した廃棄物の移動経路として電子廃棄物を描いている。2012 年に取引された電子廃棄物の総量は 10 億キログラムを超えると推計されている（Lepawsky 2014）。ルベル（LeBel 2016）によれば、電子廃棄物、とりわけその中の貴重なパーツの危険な再生利用は、緩慢な暴力の一形態、つまり貧しいコミュニティが中長期的にはますます負担を強いられる、しばしば隠された生態学的被害の例なのだ。それゆえ、新しいテクノロジーが——障害のある人にもない人にも——提供するアクセスの機会が祝福されうる一方で、これにともなう電子廃棄物の極悪非道の足跡を認識する必要がある。

結論

2019 年のイギリス総選挙の結果が出たとき、私は自分のデジタルな世界がいかに自己準拠的なものになっていたのかを思い知った。私のオンラインネットワーク上の保守党支持者は片手で数えることができた。うち 3 人はブロック済みだった。アルゴリズム的に、私はゲットー化され、考えの違う他者と分断されていたのだ。デジタルな参加には多くの利点がある。12 月にロンドンで開催された会議で、私のところに#JusticeforLB のメンバーだった有名な Twitter ユーザーがやってきた。初めて直接会って話しているうち、私は LB とその家族のデジタルなレ

ガシーに気づかされた。彼らは、障害をめぐる政治的運動への参加を通じて、私たちの多くとつながった。

　そしていま、2020 年 3 月初旬に私がこの章を書いているとき、COVID-19 はデジタルな世界の最高なところと最悪なところを照らし出している。私たちは、自主隔離の期間に相互のつながりとコミュニティ形成のために SNS が利用されているのを目撃している。同時に、私たちの個人情報を掘り出す能力を高めていくビッグテックが提供するオンラインプラットフォームやソフトウェアにおいて、情報をシェアすることに懸念を抱いてもいる。だとするなら、人間についてどのように問うにしても、デジタルカルチャーを前景化させることがもっとも重要であることに変わりはない。

結章

　この章では、本書のキーテーマのいくつかを再訪し、最近の出来事や想像、内省をいくらか踏まえつつそれらを検討したい。その内省では、2章から6章まで順番に、ベサニーの物語（誰が人間であることを許されているのか？）、研究プロジェクト「Living Life to the Fullest」（人間の欲望とは何か？）、ブレグジットの大失敗（人間は依存的なのか？）、学校（私たちは人間でいられるのか？）、Twitter（デジタルの時代に人間であるとはいかなることか？）を考える。総じて、ここまでの章と同様、こうした人間についての問いを私たちが考えるうえで、障害が重要な役割を果たすことを確かめよう。

ベサニー：誰が人間であることを許されているのか？

彼女の父、ジェレミーが話してくれた、ベサニーの物語。

　2019 年 11 月 1 日。
　https://www.bbc.com/news/education-50252079

「私の自閉症の娘は 2 年間独房に入れられていました」

「彼らは彼女を隔離房に入れ、2 年間放置しました。ひとりっきりで、四六時中です。ぞっとします」

ひざまずいて小さなハッチから手を伸ばすことでしか、ジェレミーが 15 歳の娘であるベサニーと触れ合うすべはなかった。ベサニーは重度の自閉症だったが、病院に留め置かれているあいだ治療的ケアは受けていなかったとジェレミーは BBC に語る。現在、国会議員たちは、学習障害や自閉症のある若者に対するこうした扱いは人権侵害であると述べている。合同人権委員会によれば、精神病院は「収容された人々に恐ろしい苦しみを与え、取り乱した家族には深い苦痛をもたらしうる」。その報告は精神病院法の抜本的改革と、イギリスの病院への立ち入り検査を促している。「このままでは絶対にいけない」と委員会の座長であるハリエット・ハーマンは言う。

両親による働きかけののち、ベサニーはスタッフォードシャーの思春期病棟につかの間預けられた。父親によれば、そこは「素晴らしい働き」をしたという。「彼女はコミュニティに出ていきました。彼女は閉じこめられていなかった。私たちはペットの犬を連れて敷地内を散歩しました。素晴らしかった」

しかし 18 歳になった途端、彼女は思春期病棟にはいられなくなった。彼女が移送されたのは、同じようなサポートを受けられる同じような病棟ではなかった。父親は言う。「自閉症が専門というわけでもない、中程度の隔離が必要な大人向けの施設に彼女は入れられました」。彼はビクトリア・ダービシャーの番組で、ベサニーの自閉症は極度の不安をもたらすもので、適切なケアがなければ対応は難しいと語った。「彼女の健康状態はひどく悪化しています。恐ろしいことに、彼女はまた独房に入れられている

のです」「前はそこから彼女の手を握れるハッチがありました。いまはそれすらないのです。私は自分の娘を抱きしめられません」と彼は言う。

　ベサニーと彼女の家族が経験したことを理解していると書ければよかった。だが正直なところ、それは嘘になるだろう。私の子育ての経験は、ジェレミーが耐えざるをえなかった吐き気を催す痛みに対処しなければならないものではなかった。私の娘たちは障害のラベルをなんとか避け、ベサニーはそれを得た。私は娘たちを自由に抱きしめられた。ジェレミーはそうではなかった。そして自閉症というベサニーに貼りつけられた拭い去りがたいラベルによって、彼女はかつて2年間収容されていたシステムに連れ戻された。私の娘たちは比較的自由なままで、他でもない彼女たちの選択に基づいて、ますます家の外で過ごすようになっている。ベサニーの状況を考えるとき、劣悪なサービス提供者や専門職を責めるのは容易い。それはあまりにも簡単なことだと思う。もちろん、医療やソーシャルケアに危険なスタッフは**たしかにいる**。どこにでも悪い人はいるのだ。しかし、ここで起きているのは、より深く根づき、邪悪で、風土病的なことだ。ベサニーのような人々に対する、制度的なネグレクトである。ご存知の通り、これはベサニーひとりの問題ではない。BBCの報道から明らかなように、学習障害や自閉症を持つたくさんの人々が、彼らを支えるはずのシステムによってないがしろにされているのだ。

　合同人権委員会（Joint Committee on Human Rights 2019）は、学習障害のある人は広範で組織的なネグレクトと虐待を経験していると報告している。虐待、調査、報告というサイクルが繰り返されるのは、学習障害のある人の生をよりよくしようという試みが繰り返し失敗していることの当然の帰結である（Davies & Plomin 2019; Kenyon & Chapman 2011; MENCAP 2017）。2013年、知的障害とてんかんのある若者だったコナー・

スパロウホーク（LB としても知られる）は NHS のプログラムの中で風呂にひとり放置されて亡くなった（Ryan 2017）。NHS のトラストは「自然な原因による死」としてこれを無視しようとしたが、コナーの家族による運動 #JusticeforLB は彼の死がネグレクトによるものであることを明らかにした。続いて、トラストにいた学習障害や精神健康上の問題を持つ人の 1454 件の予期せぬ死が検討されると、調査されたのはうち 272 件だけだったことが発覚した（Mazars 2015）。学習障害のある人は、障害のない人に比べて平均して 20 年から 30 年早く亡くなることが明らかになっている（NHS 2017）。学習障害のある人は、そうでない患者と同じやり方で尊重され扱われていないという証拠はいまや十分にある。MENCAP（2017）の『無関心による死〔Death by Indifference〕』での報告が示すように、学習障害があって病院で亡くなる多くの人の死の根本的な原因は、

> 学習障害のある人たちやその家族、ケアラーに対して、医療サービス全体に無知と無関心が蔓延しているということだ。これは国家的不名誉だ。これは制度的な差別なのだ。（MENCAP 2017:1）

　調査や報告、研究は、医療専門職が学習障害のある人を扱い、尊重し、支援するやり方にともなう根深い問題を詳らかにし、そのようにラベリングされた人は**人間以下**として扱われるという結論に一貫して至っている（Emerson et al. 2012; Hatton 2017; Heslop et al. 2013, 2014; Heslop & Hoghton 2019; Read et al. 2018）。

　人間であるとはどのようなことかを研究するならば、学習障害のある人が常日頃経験している非人間化という蔓延する問題に取り組むことが火急の課題となる。ここで私は、問うことのほうに重心を置いている。これが絶対的に基本的なことだ。いかなる安易な答えもここでは必要な

い。なぜ人々を支援するはずのケアシステムが、その人々にとって役に
立たないものになっているのかを問わなければならないのである。私に
は、制度と病院、ケアの現場が、基本的に学習障害のある人は人間以下
であるという考えを展開しているように思われる。非人間化が普通のこ
ととされることで――ケアの現場においてそれが当然と思われるように
なることで――障害者を人間以下の地位に置き続けるという反応を制度
がとることが許容される。野蛮に思われる行い――監禁、隔離、食料ハッ
チ――は、学習障害のある人は人間以下だという考えを内面化した制度
の論理的帰結なのだ。こうした場所への批判的介入は、制度の末端を調
べるだけの調査では実現しないだろう。適切に介入するには、学習障害
のある人は完全な人間ではないのだという見解、これが自明視され受け
入れられた自然なものとされていることを解体する必要がある。人間で
ないものという誤診に立ち向かわないかぎり、こうした制度は決して変
わらないだろうし、ベサニーのような人々はその人間性を奪われてしま
うだろう。

ブレグジット：人間は依存的なのか？

　この段落を書いている日の前日、イギリスは EU から去った。ブレグ
ジットを花火やシャンパン、SNS 上のミームでお祝いするイギリス人
がいた。ユニオンジャックの旗が振られ、女王陛下万歳〔英国国歌〕が
演奏された。多くの政治家がブレグジットを名誉の証とした。彼らは「成
し遂げた」のだ。一方、古いつながりの喪失を嘆く人もいた。別離は痛
ましい現実として効き始めた。ある実感が、つまりイギリスがいま、世
界とまったく異なる関係性を築こうとしているという実感が、私たち皆
を襲った。貿易取引。国境の変更。新しいパスポート。離脱派と残留派

132

の分断はいまなお激しい。ブレグジットに対する見方がどうあれ——公正を期すなら、人々のブレグジットとの関係のあり方はしばしば単純化して言われる「内か外か」というレトリックによってはじつのところ捉えられないのだが——コミュニティ、自立、欲望の意味に関するより大きな問いが提起された。本書では、こうした人間のあり方についてあらためて考えるための**格好の**現象として、障害を縁にしようとしてきた。人間をめぐる問いについて——ブレグジット以後に——考えるために、障害をふたたび前景化したい。私が言いたいのは、現代において、関わりを絶たれ軽んじられていると感じる人がいるということだ。ブレグジットはこうした困惑の時代を象徴するように思われる一つの出来事に過ぎない（Goodley & Lawthom 2019 も見よ）。

　ブレグジットについて考えるとき、しばしば引き合いに出される二つの現象を検討してみよう。自律的になっていく可能性と、その一方で取り残される危険である。これらの現象はコインの両面だ。一方では、私たちはますます自立し自分で自分のことができるよう奮い立たされる時代に生きている。私たちはどうやら、自身をより有能にしていき、自分自身について、また自分自身のために決定することがよりできるようになっている。少なくとも残留派にとっては、ブレグジットを見当違いの自治——小英国主義者の傲慢さを示す利己的な略語——のようなものだと非難することは容易いかもしれないが、ブレグジットはより風土的で組織的な危険を示す文化的記号として読み取れるかもしれない。ブレグジットを国ぐるみでの非理性的な自己破壊の類として説明したことにしてしまうのは、より広範で日常的にありふれた人間の行い——それ自体が自立と自律の約束に深く関わっている——を無視しているように思われる。ボリス〔・ジョンソン〕とブレグジットを責めるのは簡単だ。しかし、落ち着かない現実、つまり私たち皆が、コミュニティの主体的なメンバーやつくり手として、人間であることの**唯一の**方法としての自立を

結章 | 133

歓迎し慈しみ育む文化を創るのに関わっているということに、どう立ち向かい得るだろうか？

　ブレグジットは、あるいは少なくともイギリスがみずからに課した孤立を祝福することは、自立に対してこの文化が持つ愛着の論理的帰結と捉え得る。他者への依存を断つことは、自律という地位を得るために必要な一手である。そしてブレグジットもまた、気がかりで考えなしの、配慮を欠いた自足のお祝いの新たな一例となったようだ。ポピュリズムの台頭、世界中で見られる政治的右派の伸長が投げかける政治的影の深まり、そしてトランプの選挙、すべてが国家的で個人的な主権のシンボルを利用している。私たちが——個人から国家に至るまで——グローバルかつ汎国家的に自立を言祝ぐ方向に向かっているという証拠があるのだ。そこでは人間の依存的なあり方は脇に追いやられるどころか、積極的に否定されている。人間が互いに依存していることについて考えるとき、それは個人主義や不干渉主義と結びついたグローバルな政治の流れと完全な対比をなす。私の一つの希望は、本書が——障害を通じて考えることで——依存という人間として避けえないあり方を気づかせるものとなり、私たちの相互依存的な関係が、私たちが現にそうであるところの社会的動物としての印を私たちに付与し続けることである。現代の政治的言説やレトリックと正反対に、私たちは依存を欲望し、取り戻す必要があるのだ。

Living Life to the Fullest：人間の欲望とは何か？

　私がブレグジットに抱いた不快感の解毒剤は、経済社会研究所の助成を受けたプロジェクト、「Life, Death, Disability and the Human: Living Life to the Fullest」の共同研究者の仕事の中にあった。カースティ・リ

ディアードと 6 人の若い障害のある女性の主導のもと、私とキャサリン・ランスウィック＝コールの支援を受けたこのプロジェクトは、研究の妥当性と応用において共同研究という方法が持つ力を示した。共同研究は、目的と野心、手法、エビデンスの収集と明らかになったデータの分析に際して大学と在野の研究者が協働する研究方法だ。共同研究は大学の研究者と在野の研究者のあいだにある力関係のようなものを壊し、多くの場合は研究参加者としてしか関われない人たちが共同研究者としての役割を果たせるように背中を押さんとする。私たちのプロジェクトは共同研究者をアカデミアの人間と架橋することで、得られたデータを分析し、雑誌論文やブログの投稿、会議論文や近刊の本 (Liddiard et al. 2022) といった刊行物にまとめることに成功した。これらの詳細は参考文献の最後に付す。

　このプロジェクトでは、人間の欲望、とりわけ他者とつながっていたいという欲望について再考することが要求された。このことは二通りに考えることができる。一つは、研究の過程でコミュニティを立ち上げることに関わる。障害のある若い人は、自分の人生にある要素を探究するというプロジェクトによってもたらされる機会を享受した。彼女らは研究を行うなかでスキルを高め、オンラインインタビューなどの研究手法をいかに実行するか習得し、データを理解し、障害学の概念と理論を学んだ。私たちは、障害のある若い人の幅広い共同体が持つ見地を素描するために、彼女らと Facebook といったデジタル・プラットフォームとのつながりを活用した。私たちは障害学からのいくつかの理論的アプローチの有用性について分かち合い、話し合い、言い争い、同意せず、力説し、受け入れ、検証した。共同研究は個人的な知的取り組みの輪郭を曖昧にする、無数のつながりの力を解き放った。このことが研究チームとしての私たちを真に活気づけた。

　つながりを望むことの二つ目の要素は、研究の主題――余命に影響が

結章　｜　135

あったり、命に関わるインペアメントを持つ若い人の生——についての私たち自身の想定を再検討する機会をともに得た方法にある。障害学や障害の研究者は、障害の意味と性質の認識（とくに障害はれっきとした人間についての問いだという考え）をめぐって、人生を変え見方をずらす「アハ」体験的な契機をつくり出してきた。しかし、そうした書き物もときには、命に関わるインペアメントの現実について探究することに及び腰であった。障害学においては、命に関わるインペアメントに関心を向けることは、障害を悲劇的に捉える見方、すなわちインペアメントは悲惨な経験であらざるをえないという考えを強める危険があると思う人もいる。遠からず亡くなるだろうという見込みは、とくにその死が若い人のものであるときには誰にとっても考えるのが難しい話題でもある。私たちの研究はこの悲劇的な道筋に従わない。私たちの共同研究者は、普通よりも短い人生を送ることで提起される難しい問いを避けることをよしとしないが、彼女たちは私たち研究チームが短い生を欲するようにもさせた◇。繰り返し現れるテーマは、持ちえた時間の中で夢を実現するために、その生を可能なかぎり精一杯生きるというこの若い人々が持つ目標である。

　彼女たちの野心ある説明は、明らかに家族や専門職、友人、オンラインのコミュニティやコンパニオンアニマルとの強いつながりに関連している。最後の人ならぬ動物と人間の関係の重要性については、オープン

◇従来の研究において、また社会通念としても、余命が短いことは悲劇として捉えられる。しかし、世界に生きた証を残そうと日々懸命に生きるその人生の素晴らしさは、短いからこそのものでもある。本文はやや踏みこんだ書き方になっているが、余命の短さは全面的に悪いばかりのものではない、といった意味と思われる。詳細は Liddiard et al. (2019) を参照のこと。

アクセスの雑誌論文で取り上げられている（Whitney et al. 2019）。

　人類がこれほど勢力を持ち（人新世と呼ばれる状態）、技術的に進展していて（技術的に駆動された第4次産業革命の真っ只中にあり）、リスクに晒されている（温暖化と今般の世界的パンデミックの影響に示されるように、6回目の大量絶滅として言及されている）ことはかつてなかった。人類をめぐるこの奇妙な矛盾——私たちの種が科学により高められ、技術により強められる一方で、惑星での私たちの活動の影響によって危険に晒されてもいる——は、人文学と社会科学の研究者にとって終わることのない問題であり、また科学技術にとっての現実的な懸念であり続けている。人類にとっての危機は惑星やそこに住む生物の危機でもある。こうした問題に取り組むために、より効果的な相互のつながりを見つけ出すことが急務だ。人類が直面している課題は、人ならぬ動物や人間同士、機械、環境との関係と深く絡まり合っている。この絡まりは常に変化し、流動的で移り変わっていく。気候変動や種の絶滅、ゲノム改変、合成肥料農法、ドローンの広範な利用、AIやロボットによる仕事の代替、ユビキタス・デジタル化とビッグデータについて考えるときにしばしば、私たちはネガティブに考え、人間と動物、機械、環境を対立的に捉える。そうした見方は黙示録的なモラル・パニックを煽り立て、疑心暗鬼の源となり、人間と人間以外の人工的な区別をつくり出す。これと対照的に、社会科学や人文学内部からの最近の研究は、人間が機械や動物、環境に対して（人間同士においてと同様に）分かち持つ責務について、よりポジティブで建設的な考えを強く持っている。プロジェクト「Living Life to the Fullest」の共同研究者は、他の人々や人ならぬ動物、技術、地球との既存の、また新しい相互のつながりの中に見出される生成的な希望と機会について、私たちがいままでとは違ったかたちで考えたいと思うように促している。

結章 | 137

学校：私たちは人間でいられるのか？

　この世界に障害が現れるとき、多くのことがなされている。おそらく、障害は私たちが世界を感じ、理解する無数の方法を明らかにしている。障害は社会的な空間に現れる。多様な動き、振る舞い、個性と人格が私たちの前に姿を表す。私たちは障害の存在を感じる。私たちは必ずしも障害を完全に理解しているとは限らない。しかし障害がそこにあることはすぐさま見てわかるものだ。私たちの目の前でそのように組織され、演じられるまでには時間がかかるものもあるけれども。障害はまた、特定の知のシステムを呼び起こさずにはおかない。たとえば、障害について言及されるとき、その背景にはしばしば医療と心理学が潜んでいる。さまざまな専門的・実践的知識が障害に呼応してつくられてきた。リハビリテーションと特殊教育の二つが顕著だ。そしてリハビリテーションと特殊教育が提供者も消費者も多い巨大産業であることを私たちは知っている。しかし、障害についての知識は、本書で探究してきたように、単に医師や理学療法士、特殊教育の教員、心理学者といった権力のある専門職の所有物ではない。障害者は、自分の人生や身体、コミュニティに対して個人的かつ政治的に応答し、障害に関する言説をコントロールしてきた。そしてこの──障害者や彼らと親密な人々による──障害についての研究から、障害学が誕生した。この学際的な空間は障害を客体から主体へと動かした。心理学がしばしば研究を要する対象として（そして治療を必要とする問題ある対象として）障害を理解するところ、障害学は研究を駆動する主体として（そしてそれを通じて人間とは何かを再考できる主体として）障害を理解する。客体から主体へという探究の転換は、障害が人間についての一連の問いを投げかけ、それに答えるための現象に

なったことを意味する。障害はもはや対話や議論の（もしされるとしても）最後に検討される客体ではない。障害は対話のきっかけ、私たち自身と他者について理解するための原動力となる主体なのだ（あるいは、そうであるべきだ）。

　では学校はどうだろうか？　娘の義務教育が終わって、私は空っぽの巣症候群と戦っているところなので、本書の終盤にこの話題を取り上げよう。親にとっては、人生のこの時期はノスタルジックな記憶を呼び起こす。大きすぎる制服に身を包んだ子どもたち。クリスマスの演劇。艱難辛苦。古い友だちに新しい友だち。これらの記憶には不安が少し混じっている。教師との懇談会。模擬試験、本試験、そして試験後の落ちこみ。私の娘たちの学校生活をいま思い出すと、現代の教育システムや教室、カリキュラムが、普通の、典型的で、伝統的な生徒像（障害のない生徒と同義だ）に基づいてつくられていることにより一層打ちひしがれてしまう。障害のある生徒が包摂されると（包摂されるのだとして）、教育システム（障害のない生徒を念頭にデザインされている）がすでにつくられ動いているときには、その生徒たちはおまけのように思われがちだ。このことは長らく、障害のある生徒に関わってこなかったことが、いまや対応を要することを意味してきた。それゆえ、私たちが「メインストリーム教育」として理解するものでは障害のある生徒とこれまで関わることができなかったことへの反応としての特殊教育がつくられたのだ。障害のある生徒は教育についての対話の最後に、あとがきや補遺、話をこじらせる外れ値のように登場するのである。

　障害学では、障害は教育についての対話を駆動する主体として捉えられる。障害のある若い人が教育のコミュニティからのけものにされていることに関して、私たちは危急の対話を要しているようだ。障害のある若い人は、私たちのシステムにおいて隔離され、周縁化され、ないがしろにされている。このことは障害者に対する根の深い社会的軽蔑として

結章 ｜ 139

説明しうる。厄介なことに、私たちのコミュニティの多くは障害について信用せず、懸念を持ち、不審に思っているのである。しかし、障害に対する私たちの文化に生来の、危険なほど機能不全に陥った集合的態度があるといった議論をするよりも（私はそう確信しているけれども）、障害者は等しく有害なメインストリームの考え方の結果として犠牲になっている一集団なのだと言いたい。これは学校や教育を支えている考え方だ。学校はある特定のタイプの学習者、すなわち準備も意志も能力もある生徒を取り巻くように組織されるべきだという考え方である。教えること、学ぶこと、カリキュラム、そして教室は、この準備も意志も能力もある生徒を念頭にデザインされている。学校はこのタイプの生徒に供されるべき場所として構成されるのである。そして学校のパフォーマンスは、こうした準備も意志も能力もある、順応的な生徒にいかに奉仕したかによって測られる。学校は準備も意志も能力もある生徒を教えるための温室となる。もちろん、これは学校が準備や意志や能力のない生徒に奉仕するのに失敗するということを意味する。そしてそこには貧しかったり周縁化されたりしている子どもや、英語を第二言語として話している子どもと並んで、多くの障害のある子どもたちが含まれる。それゆえ学校は、ある人々を包摂する一方で別の多くの人々を排除するという行いに加担しているのである。

　私には、この考え方が、危ういが大切にされてきた、自立という信念や約束に緊密につながっているように思われる。本書で論じてきたように、経済的・心理的に成功するためには、人は自身の自立を問題なく示さなくてはならないとされている。私たちの欲望は、欠いているものを欲するという飽くことのない無限の過程に枠付けられている。そしてこの欠乏としての欲望の核心には、準備も意志も能力もある生徒は自分で自分のことができるはずだという空手形がある。

　適切な条件があれば、私は自分の人生をコントロールできるだろう。

私には野心に駆られて人生で成功する起業家精神がある。

こうした言明には、ブレグジット派が使う言葉に似た要素が見られる。これは偶然ではない。準備も意志も能力もあると評価された人だけに価値を認める自己充足という哲学を隠しているという点で、学校は正直でない。私の娘たちがいかに誇らしいか考えるとき、学校が彼女たちを壊さなかったといえる特権的な立場に私はいる。学校が彼女たちをつくったといっているのではない。私は彼女たちの政治的立場を、社会的正義を、音楽の趣味を、才気あふれる冒瀆的言葉遣いを、誠実さと正直さを大切にしている。学校の問題は、準備も意志も能力もある人を増やそうとするあまり、こうした真の人間の資質を無視している恐れがあるということだ。これは随分と悲劇的な状況のように思われる。

Twitter：デジタルの時代に人間であるとはいかなることか？

2020年の始まりは、私とSNSとの関係の転機となった。この年の1月、私はTwitterを読むだけにすることにしたのだ。これは大して特別なことではないように聞こえるかもしれないが、私にとっては、本当に、重要な出来事だった。これがじつのところ何を意味するのかというと、（1）とくにノッティンガム・フォレストの試合のあいだ、その中で起きる冴えない出来事をいち早く知るために、私は規則正しく #nffc のハッシュタグを追い続け（これは誰かがやらなくてはならないことだ）、（2）積極的な討論や議論、人との関わりはほとんど、ないしまったくしないということだ。この告白を、#twittercoward を白状したものと読む向きもあろう。正直、私はたぶんそれを受け入れるだろう。私がこのプラットフォームについて主に懸念しているのは、ここのところキーボード戦士たちの一群（その多くが驚くほど危険な考えを持っている）によるツイートやリツイー

結章 | 141

ト、いいね、リプライの中で、私がますます意識するようになった、暴言や誤情報、単純さの問題に関するものだ。

目下、Twitter ではエコー・チェンバー現象が起きていると認めよう。オンライン上のプライマルスクリーム療法〔叫ぶことで過去のトラウマを癒すとする心理療法〕、不協和音となる声、有象無象の意見、デジタルなクソの嵐といってもよい。多くの Twitter ユーザーが（プラットフォームが課した 1 ツイートあたりの最大文字数に収まるかたちでの）端的な投稿を要するように迫られているということはわかっている。デジタルワールドと現実世界が同じであるということも認識している。どちらでもさまざまな人々が無数の考えを表現し、議論があるのが常なのだ。論争が吹き荒れ、嫌なことは起きる。しかし私の懸念はより根深いものだ。じつのところ、どういう類の知識生産、議論、対話が、Twitter によって培養されているのだろうか？　私たちは、ネット上での悪評を高めてフォロワーを増やそうとするような、強烈な 1 行ジョーク、「いいね」を狙った煽り、リツイートされるような攻撃のための攻撃を求めることに巻きこまれるという危険に晒されているのだろうか？　これも本当にデジタルカルチャーによって私たちが変えられてしまったことなのだろうか？　私の懸念は、Twitter の即時性——Twitter がその悪ふざけをするユーザーに放つデジタルなヘロインだ——が、ニュアンスに満ちた、注意深く配慮された会話に興味も関心も持たずにお互いに関わるようなコミュニティのあり方を助長しているということだ。Twitter におけるデジタルな人間性は望まれるべき多くのことを置き去りにしている。

しかしもちろん、SNS を責めるのはあまりに容易い。21 世紀の冒頭に私たちが目撃しているのは、多くの種類のアイデンティティ、身体、性、セクシュアリティ、所属、コミュニティ、人類が咲き誇っているということである。ここでの疑問はしかし、私たちは、こうしたケア、熟慮、コミュニティをともなった多様性に参加する用意があるのだろうか、

ということだ。本書の課題の一つは、コミュニティ、連帯、相互のつながりと依存を見出すことだった。これは急速に個人化していく社会に対する強い危機感に駆り立てられている。対して、障害は私たちの互いの関係を新たに捉え直し、コミュニティを修復し再生する力を持っている。Twitter がそうした修復のために最適な場所なのか、私には自信がない。対照的に、安全で協力的な、熱心に応じ思いやりのあるコミュニティをつくることを通じてこそ、私たちは皆が持つ人間性を発見できる。障害という現象を通じて、所属するべきコミュニティを見つけることができると私は心から信じている。

　そして。

　#covid19

　パンデミックの最中に本を書き上げることは、私にデジタルワールドとの関わり方を考え直すことを余儀なくさせた。その関わりの一つがコミュニティについてのものであることは明らかだ。そしてもう一つ直面するのは、ケアに関する疑問である。ケアという言葉で、私はコミュニティが提供する安心や支え合い、連帯可能性のことを指している。ここで参考になるのは、私たち皆が持つ脆弱性や、つながりと連帯を求める私たち人間の必要と欲望、与えたものが返ってこなかったとしても誰かに手を差し伸べることの重要性について考える必要を強調した、ケアとコミュニティをめぐるフェミニストの著作だ。COVID-19 は単なる健康上の危機ではなく、コミュニティの危機である。COVID-19 は、私たちがどのような援助をお互いに提供できるのかという切実な問いを投げかけている。パンデミックは、私たちが互いに依存し、要求し合えるかを試す、まさに試金石なのだ。

　基礎疾患を抱える多くの障害者が不安の時代に直面しているのは明らかだ。自己隔離をともなう予防的な措置は、生き残るための方法でもある。そして、コミュニティから自主的な孤立へという引きこもりにより、

私たちのデジタル生活の功罪が照らし出された。Twitter は、他の SNS と同様、悩みを共有し、コミュニケーションを続け、資源を開発するためのオンラインコミュニティの場として利用されている。他の多くの人がこのプラットフォームをやすらぎやつながりを見出す場所として頼りにしているにもかかわらず、私は Twitter をやめられた。このことは私が特権的な立場にいるのを意味していることに、私はすぐに気づいた。しかし、オンラインのものが物理的なものに単に取って代わることは決してできない。障害はコミュニティの力や相互依存の遍在、相互のつながりの必要性を私たちに思い起こさせる。そしてこうした相互関係に COVID-19 が強烈なプレッシャーを与えるなか、障害は、コミュニティこそが私たちの持つすべてであることを私たちに痛感させる。グローバルな健康危機という困難な時代にあっては、トイレットペーパーや手指消毒剤、乾麺が人間の欲望の主な対象に思えるときもある。しかし、障害が長年にわたり示してきているように、人間のあり方がコミュニティに埋めこまれた性質のものであることを COVID-19 は照らし出している。これは単に仲良くするということではない（それは歓迎すべきことではあろうが）。現代は、私たちがお互いの人間性をたしかに慈しむように、日常生活の中でコミュニティを中心に据えることを私たちに求めている。そして Twitter は、コミュニティを形成し再構築するために開拓される、一つのコミュニティ・スペースなのかもしれない。たしかに、なされるべきことは多く、とくにイギリスでは長年の緊縮財政と国費の削減によってコミュニティは荒廃している。だから Twitter は、必要なかたちでの人間の関わりが促進・維持され、オフラインのコミュニティでの努力が支援される、一つの手段、一つの空間であるのかもしれない。COVID-19 の影響は未曾有のものだ。しかし、元気を与え、耳を傾けてくれるコミュニティを求める人間のニーズは常に存在してきた。そしてこの点は、とくに障害の現前によって強調され、私たちがしかと心に留

めておくべきものである。

文献

Ahmed, S., 2004, *The Cultural Politics of Emotion*, New York, NY: Routledge.

————, 2007, "The Happiness Turn," *New Formations*, 63(8): 7–14.

————, 2010, "Killing Joy: Feminism and the History of Happiness," *Signs*, 35(3): 571–94.

Amoore, L., 2009, "Algorithmic War: Everyday Geographies of the War on Terror," *Antipode: A Radical Journal of Geography*, 41: 49–69.

Bao, H., 2013, "A Queer: Comrade in Sydney," *Interventions*, 15(1): 127–40.

Barnes, C., 1990, *The Cabbage Syndrome: The Social Construction of Dependence*, London: Falmer Press.

Barton, L. ed., 2005, *Disability and Dependency*, London: Routledge.

Bell, V., 1999, "Performativity and Belonging: An Introduction," *Theory, Culture & Society*, 16(2): 1–10.

Bertaux, D. ed., 1981, *Biography and Society: The Life-history Approach in the Social Sciences*, London: Sage.

Boellstorff, T., 2016, "For Whom the Ontology Turns: Theorizing the Digital Real," *Current Anthropology*, 57(4): 387–407.

Bogdan, R. & Taylor, S., 1976, "The Judged, Not the Judges: An Insider's View of Mental Retardation," *American Psychologist*, 31(1): 47–52.

Braidotti, R., 2002, *Metamorphoses: Towards a Materialist Theory of Becoming*, Cambridge, London: Polity Press.

————, 2003, "Becoming Woman, or Sexual Difference Revisited," *Theory, Culture & Society*, 20(3): 43–64.

————, 2006, "Posthuman, All Too Human: Towards a New Process Ontology," *Theory, Culture & Society*, 23(7–8): 197–208.

————, 2013, *The Posthuman,* London: Polity Press.（門林岳史監訳, 2019, 『ポストヒューマン──新しい人文学に向けて』フィルムアート社.）

Braidotti, R. & Fuller, M., 2019, "The Posthumanities in an Era of Unexpected Consequences," *Theory, Culture & Society*, 36(6): 3–29.

Brevini, B., 2015, "Book Review: To the Cloud: Big Data in a Turbulent World," *Media, Culture & Society*, 37(7): 1111–3.

Burch, L., 2018, "You Are a Parasite on the Productive Classes': Online Disablist Hate Speech in Austere Times," *Disability & Society*, 33(3): 392–415.

Calderaro, A., 2015, "Book Review: Big Data: A Revolution that Will Transform How We live, Work, and Think," *Media, Culture & Society*, 37(7): 1113–5.

Campbell, F. K., 2009, *Contours of Ableism: Territories, Objects, Disability and Desire*, London: Palgrave Macmillan.

Campbell, C., 2019, "'AI Farms' Are at the Forefront of China's Global Ambitions," *Time*, February 1. Retrieved from https://time.com/5518339/china-ai-farm-artificial-intelligence-cybersecurity/. Accessed on June 21, 2019.

Chan, A., 2015, "Big Data Interfaces and the Problem of Inclusion," *Media, Culture & Society*, 37(7): 1078–83.

Clifton, A., Reynolds, J., Remnant, J. & Noble, J., 2013, "The Age of Austerity: The Impact of Welfare Reform on People in the North East of England," *Mental Health Nursing*, 33(6): 30–2.

CNN, 2017, "The Fake News Machine: Inside a Town Gearing up for 2020," Retrieved from https://money.cnn.com/interactive/media/the-macedonia-story/. Accessed on June 21, 2019.

Corcoran, P., Griffin, E., Arensman, E., Fitzgerald, A. & Perry, I., 2015, "Impact of the Economic Recession and Subsequent Austerity on Suicide and Self-harm in Ireland: An Interrupted Time Series Analysis," *International Journal of Epidemiology*, 44(3): 969–77.

Cross, M., 2013, "Demonised, Impoverished and Now Forced into Isolation: The Fate of Disabled People under Austerity," *Disability & Society*, 28(5): 719–23.

Davies, L. & Razlogova, E., 2013, "Framing the Contested History of Digital Culture," *Radical History Review*, 117: 5–31.

Davies, O. (Reporter), & Plomin, J. (Producer), 2019, "Undercover Hospital Abuse Scandal, Panorama," BBC, UK.

Davy, L., 2019, "Between an Ethic of Care and an Ethic of Autonomy," *Angelaki*,

24(3): 101–14.

Degenhardt, L., Charlson, F., Mathers, B., Hall, W. D., Flaxman, A. D., Johns, N. & Vos, T., 2014, "The Global Epidemiology and Burden of Opioid Dependence: Results from the Global Burden of Disease 2010 Study," *Addiction*, 109(8): 1320–33.

Duffy, S., 2013, *A Fair Society? How the Cuts Target Disabled People*, Sheffield: The Centre for Welfare Reform.

———, 2014, *Counting the Cuts: What the Government Doesn't Want the Public to Know*, Sheffield: The Centre for Welfare Reform.

Dwivedy, M. & Mittal, R.K.., 2012, "An Investigation into E-waste Flows in India," *Journal of Cleaner Production*, 37: 229–42.

Emerson, E., Baines, S., Allerton, L. & Welch, V., 2012, *Health Inequalities and People with Learning Disabilities in the UK*, Durham and Lancaster: Improving Health and Lives and Learning Disability Observatory.

Equality and Human Rights Commission, 2017, *Being Disabled in Britain: A Journey Less Equal*, London: Equality and Human Rights Commission. Retrieved from https://www.equalityhumanrights.com/sites/default/files/being-disabled-in-britain.pdf

Feely, M., 2016, "Disability Studies after the Ontological Turn: A Return to the Material World and Material Bodies without a Return to Essentialism," *Disability & Society*, 31(7): 863–83.

Fox, N. & Alldred, P., 2015, "New Materialist Social Inquiry: Designs, Methods and the Research-assemblage," *International Journal of Social Research Methodology*, 18(4): 399–414.

Garland-Thomson, R., 2011, "Misfits: A Feminist Materialist Disability Concept," *Hypatia: A Journal of Feminist Philosophy*, 26(3): 591–609.

Gibrān, K., 1923, *The Prophet*, New York: Alfred A. Knopf.(神谷恵美子訳, 2014,『うつわの歌 新版』みすず書房.）（抄訳）

Gibson, B., 2006, "Disability, Connectivity and Transgressing the Autonomous Body," *Journal of Medical Humanities*, 27(3): 187–96.

Gilroy, P., 2018, ""Where Every Breeze Speaks of Courage and Liberty": Offshore Humanism and Marine Xenology, or, Racism and the Problem of Critique at

Sea Level," *Antipode*, 5(1): 3–22.

Goodley, D., 2000, *Self-advocacy in the Lives of People with Learning Difficulties*, Buckingham: Open University Press.

————, 2001, "'Learning Difficulties', the Social Model of Disability and Impairment: Challenging Epistemologies," *Disability & Society*, 16(2): 207–231.

————, 2016, *Disability Studies: An Interdisciplinary Introduction.* (2nd ed.), London: Sage.

Goodley, D. & Lawthom, R., 2019, "Critical Disability Studies, Brexit and Trump: A Time of Neoliberal-ableism," *Rethinking History*, 23(2): 233–51.

Goodley, D., Lawthom, R., & Runswick-Cole, K., 2014, "Posthuman Disability Studies," *Subjectivity*, 7(4): 342–61.

————, 2018, "Feeling Disability: Theories of Affect and Critical Disability Studies," *Disability & Society*, 33(2): 197–217.

Goodley, D., & Runswick-Cole, K., 2016, "Becoming Dishuman: Thinking about the Human through Dis/ability," *Discourse: Studies in the Cultural Politics of Education*, 37(1): 1–15.

Goriunova, O., 2019, "The Digital Subject: People as Data as Persons," Theory, *Culture & Society*, 36(6): 125–45.

Graham, M., Hjorth, I. & Lehdonvirta, V., 2017, "Digital Labour and Development: Impacts of Global Digital Labour Platforms and the Gig Economy on Worker Livelihoods," *Transfer: European Review of Labour and Research*, 23(2): 135–62.

Grover, C. & Piggott, L., 2013, "Employment and Support Allowance: Capability, Personalisation and Disabled People in the UK," *Scandinavian Journal of Disability Research*, 15(2): 170–84.

Grusin, R., 2010, *Premediation: Affect and Mediality after 9/11*, New York, NY: Palgrave Macmillan.

Hatton, C., 2017, "Deprivation of Liberty Applications Concerning People with Learning Disabilities in England. Trends over Time and Geographical Variation," *Tizard Learning Disability Review*, 22(3): 177–83.

Heslop, P., Blair, P., Fleming, P., Hoghton, M., Marriott, A. & Russ, L., 2013, *Confidential Inquiry into Premature Deaths of People with Learning Disabilities (CIPOLD): Final report.* Retrieved from http://www.bristol.ac.uk/cipold/

fullfinalreport.pdf. Accessed on July 1, 2015.

————, 2014, "The Confidential Inquiry into Premature Deaths of People with Intellectual Disabilities in the UK: A Population-based study," *Lancet*, 383: 889–95.

Heslop, P. & Hoghton, M., 2019, "Mortality in People with Intellectual Disability," M. Scheepers and M. Kerr eds., *Seminars in the Psychiatry of Learning Disabilities*, Cambridge: Cambridge University Press.

Hughes, B., 2003, "Bauman's Strangers: Impairment and the Invalidation of Disabled People in Modern and Post-modern Cultures," *Disability & Society*, 17(5): 571–84.

Hunt, P., 1966, "A Critical Condition," P. Hunt ed., *Stigma: The Experience of Disability*, London: Geoffrey Chapman, 1–18. Retrieved from https://disability-studies.leeds.ac.uk/wp-content/uploads/sites/40/library/Hunt-a-critical-condition. pdf

Ibrahim, Y., 2017, "Facebook and the Napalm Girl: Reframing the Iconic as Pornographic," *Social Media Society*, 3(4): 1–2.

Joint Committee on Human Rights/JCHR, 2019, "The Detention of Young People with Learning Disabilities and/or Autism: Second Report of Session 2019–20 Report," Retrieved from https://publications.parliament.uk/pa/jt201920/jtselect/jtrights/121/121.pdf. Accessed on November 1, 2019.

Jozuka, E., 2016, "As More Work Moves Online, the Threat of 'Digital Sweatshops' Looms," *Vice*. Retrieved from https:// www.vice.com/en_us/article/qkjk35/as-more-work-moves-online-the-threat-of-digital-sweatshops-looms. Accessed on June 20, 2019.

Kaufmann, M., 2015, "Resilience 2.0: Social Media Use and (Self-)Care during the 2011 Norway Attacks," *Media, Culture & Society*, 37(7): 972–87.

Kay, L. J., 2018, "Bold Beginnings and the Rhetoric of 'School Readiness'," *Forum*, 60(3): 327–35.

Kennedy, H., Elgesem, D. & Miguel, C., 2017, "On Fairness: User Perspectives on social media data mining," *Convergence*, 23 (3): 270–88. doi:10.1177/1354856515592507.

Kenyon, P. (Reporter) & Chapman, M. (Director), 2011, "Undercover Care: The Abuse Exposed, Panorama," BBC, UK.

Kobie, N., 2018, "What is the Gig Economy and Why Is It So Controversial?" *Wired*,

September 14, Retrieved from https://www.wired.co.uk/article/what-is-the-gig-economy-meaning-definition-why-is-it-called-gig-economy. Accessed on June 21, 2019.

Lacan, J., 1977, *Ecrits: A Selection*, New York, NY: Norton.

LeBel, S., 2016, "Fast Machines, Slow Violence: ICTs, Planned Obsolescence, and E-waste," *Globalizations*, 13(3): 300–9.

Leonard Chesire, 2019, "Online Disability Hate Crimes Soar 33%," Retrieved from https://www.leonardcheshire.org/about-us/press-and-media/press-releases/online-disability-hate-crimes-soar-33. Accessed on June 14, 2019.

Lepawsky, J., 2014, "The Changing Geography of Global Trade in Electronic Discards: Time to Rethink the E-waste Problem," *The Geographical Journal*, 180(1): 1–13.

Liddiard, K., Vogelmann, E., Evans, K., Watts, L., Aimes, C., Goodley, D. & Runswick-Cole, K., 2022, *Living Life to the Fullest*, Bingley: Emerald Publishing Limited.

Longo, G., 2019, "Letter to Turing," *Theory, Culture & Society*, 36(6): 73–94. doi:10.1177/0263276418769733

MacAskill, E., 2019, "Interview with Edward Snowden: 'I Was Very Much a Person the Most Powerful Government in the World Wanted to Go Away'," *The Guardian*, September 13. Retrieved from https://www.theguardian.com/us-news/ng- interactive/2019/sep/13/edward-snowden-interview-whistleblowing-russia-ai-permanent-record. Accessed on October 1, 2019.

Mazars Report, 2015, *Independent Review of Deaths of People with a Learning Disability or Mental Health Problem in Contact with Southern Health NHS Foundation Trust April 2011 to March 2015*, London: Mazars LLP.

McRobbie, A., 2011, "Introduction," *Cultural Studies*, 25(2): 139–46.

Meekosha, H., 2011, "Decolonising Disability: Thinking and Acting Globally," *Disability & Society*, 26(6): 667–82.

MENCAP, 2017, *Death by Indifference*, London: MENCAP. Retrieved from https://www.mencap.org.uk/sites/default/files/2016-06/DBIreport.pdf. Accessed on June 12, 2018.

Meng, L. Q., 2014, "Mapping Research Fronts of Big Data Study in 21st Century,"

Applied Mechanics and Materials, 686: 295–9.

Michalko, R., 1999, *The Two-in-One: Walking with Smokie, Walking with Blindness*, Philadelphia, PA: Temple University Press.

―――, 2002, *The Difference that Disability Makes*, Philadelphia, PA: Temple University Press.

Mignolo, W., 2009, "Who Speaks for the "Human" in Human Rights?" *Hispanic Issues*, 5(1): 7–24.

Mills, C., 2018, "'Dead People Don't Claim': A Psychopolitical Autopsy of UK Austerity Suicides," *Critical Social Policy*, 38(2): 302–22.

Mills, C. W., 1959, *The Sociological Imagination*, Oxford: Oxford University Press. (伊奈正人・中村好孝訳, 2017, 『社会学的想像力』筑摩書房.)

Mingus, M., 2011, "Moving toward the Ugly: A Politic beyond Desirability," Femmes of Color Symposium Keynote Speech, Oakland, CA (8/21/11). Retrieved from https://leavingevidence.wordpress.com/2011/08/22/moving-toward- the-ugly-a-politic-beyond-desirability/. Accessed on September 28, 2019.

Mitchell, D. T. & Snyder, S. L., 2000, *Narrative Prosthesis: Disability and the Dependencies of Discourse*, Ann Arbor, MI: University of Michigan Press.

Mladenov, T., 2015, "Neoliberalism, Postsocialism, Disability," Disability & Society, 30(3): 445–59.

Morris, J., 1991, Pride against *Prejudice: Transforming Attitudes to Disability*, London: London Womens' Press.

Netherland, J., 2012, "Introduction: Sociology and the Shifting Landscape of Addiction," *J. Netherland ed., Critical Perspectives on Addiction: Advances in Medical Sociology*, 14: 11–25.

Neyland, D., 2015, "On Organizing Algorithms," *Theory, Culture & Society*, 32(1): 119–32.

NHS England, 2017, "Intellectual Disabilities Mortality Review Programme Annual Report, 2017," Retrieved from https://www.hqip.org.uk/wp-content/uploads/2018/05/LeDeR-annual-report-2016-2017-Final-6.pdf

Office of the High Commissioner for Human Rights (UN Human Rights), 2018, "Statement on Visit to the United Kingdom, by Professor Philip Alston, United Nations Special Rapporteur on Extreme Poverty and Human Rights," London.

Retrieved from https://www.ohchr.org/Documents/Issues/ Poverty/EOM_
GB_16Nov2018.pdf. Accessed on June 1, 2019.

Officer, A. & Posarac, A. eds., 2011, *World Report on Disability 2011.*（長瀬修監訳・
石川ミカ訳，2013,『世界障害報告書』明石書店.）

Oliver, M., 1990, *The Politics of Disablement*, London: Macmillan.（三島亜紀子・山
下倫子・山森亮・横須賀俊司訳，2006,『障害の政治』明石書店.）

Pedwell, C., & Whitehead, A., 2012, "Affecting Feminism: Questions of Feeling in
Feminist Theory," *Feminist Theory*, 13(2): 115–29.

Poushter, J., Gubbala, S. & Austin, S., 2024, "8 Charts on Technology Use around
the World," Pew Research Center. Retrieved from https://www.pewresearch.
org/short-reads/2024/02/05/8-charts-on-technology-use-around-the-world/
Accessed on April 1, 2024.

Punathambekar, A. & Kavada, A., 2015, "Debating Big Data," *Media, Culture &
Society*, 37(7): 1076–7.

Read, S., Williams, V., Heslop, P., Mason-Angelow, V. & Miles, C., 2018, "Being a
Disabled Patient: Negotiating the Social Practices of Hospitals in England,"
Social Inclusion, 6: 74–82.

Reindal, S. M., 1999, "Independence, Dependence, Interdependence: Some
Reflections on the Subject and Personal Autonomy," *Disability & Society*,
14(3): 353–67.

Ryan, F., 2015, "Death Has Become a Part of Britain's Benefits System," *The
Guardian*, August 27. Retrieved from https://www.theguardian.com/
commentisfree/2015/aug/27/death-britains-benefits-system-fit-for-work-
safety-net

―――, 2018 "The Missing Link: Why Disabled People Can't Afford to
#DeleteFacebook," The Guardian, April 4. Retrieved from https://www.
theguardian.com/media/2018/apr/04/missing-link-why-disabled-people-cant-
afford-delete-facebook-social-media. Accessed on June 12, 2019.

―――, 2019, *Crippled: Austerity and the Demonization of Disabled People*, London:
Verso.

Ryan, S., 2016, "People with Learning Disabilities Are Still Not Recognised as Fully
Human," *The Guardian*, March 1. Retrieved from https:// www.theguardian.

com/society/2016/mar/01/people-learning-disabilities-human-connor-sparrowhawk-winterbourne-view. Accessed on March 1, 2016.

―――, 2017, *Justice for Laughing Boy, Connor Sparrowhawk – A Death by Indifference*, London: Jessica Kingsley Publishers.

Saffer, J., Nolte, L. & Duffy, S., 2018, "Living on a Knife Edge: The Responses of People with Physical Health Conditions to Changes in Disability Benefits," *Disability & Society*, 33(10): 1555–78.

Sakellariou, D. & Rotarou, E., 2017, "The Effects of Neoliberal Policies on Access to Healthcare for People with Disabilities," *International Journal for Equity in Health*, 16(199): 1–8.

Scott, D., 2000, "The Re-enchantment of Humanism: An Interview with Sylvia Wynter," *Small Axe*, 8: 119–207.

Shildrick, M., 2007, "Dangerous Discourses: Anxiety, Desire, and Disability," *Studies in Gender and Sexuality*, 8(3): 221–44.

―――, 2009, *Dangerous Discourses of Disability, Subjectivity and Sexuality*, London: Palgrave Macmillan.

Shildrick M. & Price, J., 2005/2006, "Deleuzian Connections and Queer Corporealities: Shrinking Global Disability", *Rhizomes*, 11/12. Retrieved from http://www.rhizomes.net/issue11/shildrickprice/index.html

Tang, Y., 2016, "Pollution: Centralized Pilot for E-waste Processing," *Nature*, 538(7623): 41.

Thomas, C., 2007, *Sociologies of Disability and Illness: Contested Ideas in Disability Studies and Medical Sociology*, London: Palgrave Macmillan.

Titchkosky, T., 2011, *The Question of Access: Disability, Space, Meaning*, Toronto: University of Toronto Press.

Vuong, O., 2019, *On Earth We're Briefly Gorgeous*, London: Jonathon Cape.（木原善彦訳，2021,『地上で僕らはつかの間きらめく』新潮社.）

Wetherell, M. S., 2015, "Trends in the Turn to Affect: A Social Psychological Critique," *Body & Society*, 21(2): 139–66.

Williams-Findlay, R., 2011, "Lifting the Lid on Disabled People against Cuts," *Disability & Society*, 26(6): 773–8.

de Wolfe, P., 2012, "Reaping the Benefits of Sickness? Long-term Illness and the

Experience of Welfare Claims," *Disability & Society*, 27(5): 617–30.

Wood, C., 2012, *For Disabled People the Worst Is Yet to Come...Destination Unknown: Summer 2012*, London: Demos.

Wu, H., 2018, "China Is Achieving AI Dominance by Relying on Young Blue-collar Workers," *Vice*. Retrieved from https:// www.vice.com/en_us/article/7xyabb/china-ai-dominance-relies-on-young-data-labelers. Accessed on June 21, 2019.

Wynter, S., 2003, "Unsettling the Coloniality of Being/Power/Truth/Freedom: Towards the Human, after Man, Its Overrepresentation—An Argument," *CR: The New Centennial Review*, 3(3): 257–337.

Yuval-Davis, N., 2006, "Belonging and the Politics of Belonging," *Patterns of Prejudice*, 40(3): 197–214.

研究プロジェクト Living Life to the Fullest についての追加の読み物は以下
https://livinglifetothefullest.org:

その他の関連文献（オンライン上で無料で閲覧できる）

Goodley, D., Lawthom, R., Liddiard, K. & Runswick-Cole, K., 2019, "Provocations for Critical Disability Studies," *Disability & Society*, 34(6): 972–97.

Goodley, D., Runswick-Cole, K. & Liddiard, K., 2015, "The DisHuman Child," *Discourse: Studies in the Cultural Politics of Education*, 37(5): 770–84.

Goodley, D., Liddiard, & K.,Runswick-Cole, K., 2018, "Feeling Disability: Affect Theories and Critical Disability Studies," *Disability & Society*, 33(2): 197–217.

Liddiard, K., Runswick-Cole, K., Goodley, D., Whitney, S., Vogelmann, E. & Watts, L., 2018, ""I Was Excited by the Idea of a Project that Focuses on Those Unasked Questions": Co-producing Disability Research with Disabled Young People," *Children and Society*, 33(2): 154–67.

Liddiard, K., Whitney, S., Evans, K., Watts, L., Vogelmann, E., Spurr, R., Aimes, C., Runswick-Cole, K. & Goodley, D., 2019, "Working the Edges of Posthuman Disability Studies: Theorising with Young Disabled People with Life-limiting Impairments'," *Sociology of Health & Illness*, 41(8): 1473–87.

索引

あ行

iHuman　49-51
アクティビズム　103-105, 117-122
Amazon　107, 124
アルゴリズム　112-114
アレクサ　107
イギリスの教育　94
依存　65, 77-85, 93-94, 134
Uber　124
SNS　50, 109-119, 122-124, 141-144
オンライン・ヘイトクライム　122-124

か行

学問のための準備　94
語り直し　25
感情化　58
ギグ・エコノミー　124-125
帰属　59-64
共同研究　115-117, 134-135
緊縮財政　97-103
　　　——の結果　100-101
緊縮に抗する障害者（DPAC：
　　Disabled People Against Cuts）
　　99, 103

クリックティビズム　117
欠落　55-59
研究者　6, 13-14
健常主義　95-97, 102-104
健常であること　91-95, 138-141
COVID-19　7, 108, 127, 143-144
個別自立手当（PIP：Personal
　　Independence Payment）　98
コミュニティ・アクティヴィズム
　　23
雇用支援給付（ESA：Employment
　　and Support Allowance）　99

さ行

最愛の伴侶　62, 74-76
サイバー・ヒューマニタリアニズム
　　121
暫定的健常者（TAB：Temporary
　　Able-Bodied）　104-105
資本主義　29, 56-58
　　　西洋——　28
　　　——的欲望　58
社会階層　38-39, 62
社会主義労働党　27
社会的関係　17
JusticeforLB　119-122, 130-132

周縁化された人間　50

就学準備　94

障害

　　学習——　24, 65-71, 120-121, 129-132

　　——への好奇心　29-30, 123

　　知的——　44-48, 52-53, 122

　　——と依存　81-85

　　——と家族　14

　　——の社会モデル　25

　　——のない人

　　　　→暫定的健常者

障害者運動　119-122

障害者差別禁止法（Disability Discrimination Act, 1995）　45

障害者生活手当（DLA：Disability Living Allowance）　98

商品化　57

Siri　107

自立　79-80, 93-94, 133-134, 140

自立生活スキル　43

心理学　21-28, 96, 138

Skype　116

捨てアカ　123

政治　27-32

政治的ポピュリズム　35, 37, 59, 134

精神病院　46-48, 129

精神分析　23, 57, 79-80, 93

生物社会的な人間　49

た行

旅路　40

中毒　77

　　アルコール——　72-77, 81

　　——の社会学　79

　　デジタル——　107

　　——と依存　77-78

　　——の文化　79

Twitter　110, 117-119, 141

デジタルな運動家　115

デジタルな犠牲者　122

デジタルな現実　111

デジタルな主体　109

デジタル・プラットフォーム　49, 110-112, 135, 141

電子廃棄物　125-126

特別な教育ニーズ（SEN：Special Education Needs）　100

奴隷化　37-38

な行

人間主義　→ヒューマニズム

人間性　34-36

　　脅迫の下にある——　37-39

人間の未来　50

能力　39, 45, 65, 91-97, 140

　　——がないこと　→障害

は行

媒介性　112

ヒューマニズム　40, 45-48

Facebook　107, 110-117

フェティッシュ化　57
フェミニズム　23, 29, 32, 58, 77,
　　83
プライバシー　114-115
ブレグジット　36, 132-134
分岐した意識　78
保護者　79
ポストヒューマンの政治　48-53

ま行

マルクス主義　27-29

民族差別　28, 31, 37-38
メリトクラシー　39

や・ら行

有機的知識人　18
欲望　→依存／帰属／欠落
ラディカル教育学　23

訳者あとがき

　本書は Emerald 社の Society Now シリーズとして 2020 年に刊行された、*Disability and Other Human Questions, 1st edition* の日本語訳である。Society Now シリーズは、21 世紀の同時代的な話題について、一線の研究者が広い読者に向けてやさしく語ることを目指したもので、本書も Twitter（現 X）やブレグジット、コロナ禍といった現代的話題を踏まえつつ、エッセイ風の内容も織り交ぜられた平易な障害学入門となっている。

　著書のダン・グッドリー（Dan Goodley）はイギリス・シェフィールド大学の教授で、従来の障害学を根本から問い直す批判的障害学（CDS：Critical Disability Studies）の旗手として近年注目を浴びている。*Dis/Ability Studies*（2014、Routledge）、*Disability Studies*（2016、Sage）など多くの著書があり、日本語訳されているものとしては『イギリス障害学の理論と経験——障害者の自立に向けた社会モデルの実践』（明石書店、原題：*Disability Barriers*）に所収の「誰が障害者なのか——障害の社会モデル その適用範囲の検討」がある。原書の著者紹介には、ノッティンガム・フォレスト FC とスリフォードモッズの狂信的ファンとある。

　「はじめに」でも述べられるように、本書は障害学に馴染みのない読

者も想定し、その入門的な位置づけとして書かれている。実際、1章では障害学の大前提にして理念的基盤であるところの障害の社会モデルが説明されるし、障害者施設への批判や画一的な能力を求める学校への懸念、セルフアドボカシーの強調など、障害学の要点がうまくピックアップされている。

　一方で、本書は障害学の研究者が現在の英語圏の議論を理解するための入口としても読める。というのも、本書には著者が主導する批判的障害学が扱う幅広いトピックが、ふんだんに盛りこまれているからだ。日本語で読める批判的障害学の優れた紹介である辰己（2022）の整理も踏まえつつ、以下では簡単に各章の内容と、本書ではそれほど明示的に語られない批判的障害学での位置づけを見ていこう。

　2章は、主にロージ・ブライドッティ（Braidotti 2013 = 2019）を下敷きにグッドリーが2010年代後半から旺盛に展開しているポストヒューマン障害学のダイジェストになっている。とくに、一方では障害者を人間以下のものとして扱ってきた社会に異議を申し立て人間としての承認を求めつつ、他方では人間という概念がじつのところシスジェンダーで異性愛者の健常な白人男性を意味するというその狭隘さや排除性を批判して別様の人間像を打ち立てようとする両面作戦は、別の論文では dis/human として詳細に展開されている（Goodley & Runswick-Cole 2016、その批判として Vehmas & Watson 2016、批判に対する応答を含むものに Goodley et al. 2021）。また、人間としての承認をめぐって能力／障害のみならず性や人種によっても境界が引かれるという議論には、障害の問いが人間の問いに広がるという本書を貫くモチーフが現れている（田中 2024）。

　3章では、情動論を踏まえつつ個体的で自立・自律的な人間観が相対化され、相互に関わり合うことへの欲望が提示される。続く4章でも、同様の人間観に基づいて人間同士、あるいは人間と人間以外のものとのつながりや依存が議論される。これらも脱人間中心主義のもとでの人と

160

物のアッサンブラージュとして社会を捉えるブライドッティの影響下にあるものだが、その思想的淵源はダナ・ハラウェイやジル・ドゥルーズ、さらにバールーフ・デ・スピノザにまで遡る（Deleuze 1990 = 1991; Haraway1991=2017）。これらは新しい唯物論という思想潮流の中で近年読み直されており、グッドリー以外にも障害学の一部にその影響が及んでいる（Kafer 2013: 118; Feely 2016; Nishida 2017; Abrams et al. 2019; Cluley et al. 2020; 辰己 2021; 猪瀬 2023）。社会学方面の読者には、こうした議論はアクターネットワーク理論（ANT: Actor Network Theory）のほうが馴染み深いかもしれない（Latour 2005 = 2019）。ANT を踏まえつつ機械や介助者とのネットワークとして障害者を描いたものに、エレーヌ・ミアレ（Mialet 2012 = 2014）がある。また、思想的背景の明示的な参照はないものの、同様の議論に天畠（2022）があり、またスナウラ・テイラー（Taylor 2017 = 2020）も人間と動物の相互依存に触れている。

　5 章では健常主義の呪縛が述べられるが、これはクリップ・セオリーの嚆矢ともなったロバート・マクルーア（McRuer 2006）の強制的な健常性（Compulsory Able-Bodiedness）の議論を引き継ぐものである（井芹 [2013]2023）。「自立し有能たれ」というプレッシャーは、障害者のみならず健常者を含めた人間みなに強迫的に降りかかるものであり（石島 2015）、健常者とされている人々も潜在的には障害者であるという議論も合わせて、ここも障害についての問いが人間一般の問いにつながるという本書のハイライトの一つだ。

　6 章で言及される Living Life to the Fullest という研究プロジェクトでは、命に関わる疾患をもった障害者が共同研究者となっている。医療に対する批判的姿勢がプリセットされた障害学では、症状への対処や治療を求めるこうした人々は周縁化されてきた。しかし、痛みや倦怠感などを抱える人々にとって、その症状の緩和を求めることはむしろ当然である。そうした医療や科学技術の生産的側面を捉えることを求める議

論が障害学の中にも登場しており（Feely 2016; Hamraie & Fritsch 2019; 辰己 2021）、また実際に医療と障害者がいかに付き合うかという課題に対する経験的な知見から、障害学の裾野を広げようとする試みも蓄積されている（Wendell 1997; Kafer 2013: 16; 石島 2019; 油田 2022）。終盤で指摘される産業廃棄物による健康被害についても、広く環境と障害の関連という観点ではいくつかの研究がある（Kafer 2013; Taylor 2017 = 2020）。

　このように、本書は障害学の入門書でありつつ、近年の批判的障害学が持つ幅広い論点によく目配りしたものになっている。実際、訳者は本書の翻訳に併行して勤務校の大学院ゼミでグッドリーの近年の主要論文を読んでいったが、本書をあらかじめ読んでおくことで意図や背景がわかり、読みやすくなる部分は多くあった。その意味で、冒頭に語られる著者の意図には反するかもしれないが、本書は研究者コミュニティにおいても広く読まれる価値のあるものだろう。

　訳出にあたっては、原書の企図を踏まえなるべく日本語として読みやすいものになるよう努めたが、解釈の不正確な点が残っている可能性は否めない。とくにエッセイ風の部分において、そのニュアンスを余さず伝えきったものになっているか、読者による批判的点検をお願いしたい。なお、明らかに誤植と思われる点や、文献の参照が不正確と思われる点については、著者に確認の上で修正し訳出している。原書刊行時点から見て未来の文献が参照されている箇所は、そうした事情による。また、WEB リンクのうち、失効しているものや、リンク先が無断転載と思しき動画のものについては同内容のものに差し替えている。

　タイトルについては、直訳すると『障害とその他の人間についての問い』となるが、著者の同僚であるグレッグ・ホリンが *International Journal of Disability and Social Justice* 誌に寄せた書評も指摘するように、本書の内容は障害を鍵として人間一般をめぐる問いについて考える

ものとなっている。そのニュアンスを出すべく、邦題は『障害から考える人間の問い』とした。

　前述のように、訳者の大学院ゼミを履修していた学生諸賢には、グッドリーを中心に批判的障害学の文献購読にお付き合いいただいた。また、一部訳稿の検討にもご協力いただいた。学部生も含め、熱心な学生が身近に多くいる勤務校の環境には私も日々励まされている。いつもありがとう。

　編集者の向山夏奈さんには、立ち話での企画の持ちこみ以降、的確かつ迅速に作業を進めていただけた。訳業のみに集中できるよう伴走していただけたことは大変ありがたかった。記して感謝申し上げる。向山さんに初めてお会いしたのは、私が調査でお邪魔していた岡部宏生さん宅に、海老原宏美さんの介助者としていらしたときだったと記憶している。その縁が仕事につながったと思うと、本書もまた障害がもたらす人のつながりの所産ということになろう。

文献

Abrams T, J. Setchell J, P. Thille P, B. Mistry & B. E. Gibson, 2019, "Affect, Intensity, and Moral Assemblage in Rehabilitation Practice," *BioSocieties*, 14(1): 23–45.

Braidotti, R., 2013, *The Posthuman*, Polity.（門林岳史監訳，2019,『ポストヒューマン──新しい人文学に向けて』フィルムアート社.）

Cluley, V., R. Fyson & A. Pilnick, 2020, "Theorising Disability: A Practical and Representative Ontology of Learning Disability," *Disability & Society*, 35(2): 235–57.

Deleuze, G., 1990, *Expressionism in Philosophy: Spinoza*, New York: Zone Books.（工藤喜作・小柴康子・小谷晴勇訳，2014,『スピノザと表現の問題』法政大学出版局.）

Feely, M., 2016, "Disability Studies after the Ontological Turn: A Return to the Material World and Material Bodies without a Return to Essentialism," *Disability & Society*, 31(7): 863–83.

Goodley, D. & K. Runswick-Cole, 2016, "Becoming Dishuman: Thinking about the Human through Dis/ability," *Discourse: Studies in the Cultural Politics of Education*, 37(1): 1-15.

Goodley D, R. Lawthom, K. Liddiard & K. Runswick-Coles, 2021, "Key Concerns for Critical Disability Studies," *The International Journal of Disability and Social Justice*, 1(1): 27–49.

Haraway, D., 1991, *Simians, Cyborgs and Women: The Revolution of Nature*, London: Routledge.（高橋さきの訳, 2017,『猿と女とサイボーグ——自然の再発明』青土社.）

Hamraie, A. & K. Fritsch, 2019, "Crip Technoscience Manifesto," *Catalyst*, 5(1): 1–33.

猪瀬浩平, 2023,「それなりに整った世界で叫ぶ——家と施設でない場所で暮らす、重度の知的障害のある人の意思をめぐって」『文化人類学』87(4): 624–41.

井芹真紀子, [2013]2023, 「フレキシブルな身体——クィア・ネガティヴィティと強制的な健常的身体性」『クィアスタディーズをひらく 3——健康／病, 障害, 身体』200-26.

石島健太郎, 2015,「障害学の存立基盤——反優生思想と健常主義批判の比較から」『現代社会学理論研究』9: 41–53.

———, 2019, 「蝙蝠を生きる」榊原賢二郎編『障害社会学という視座——社会モデルから社会学的反省へ』新曜社, 115–35.

Kafer, A., 2013, *Feminist, Queer*, Crip, Bloomington: Indiana University Press.（井上友美・井芹真紀子・加藤旭人・葛原千景・高井ゆと里・番園寛也・山田秀頌訳, 2024 近刊,『フェミニスト・クィア・クリップ』花伝社.）

Latour, B., 2005, *Reassembling the Social: An Introduction to Actor-Network-Theory*, Oxford: Oxford University Press.（伊藤嘉高訳, 2019,『社会的なものを組み直す——アクターネットワーク理論入門』法政大学出版局.）

McRuer, R., 2006, *Crip Theory: Cultural Signs of Queerness and Disability*, New York: NYU Press.

Mialet, H., 2012, *Hawking Incorporated: Stephen Hawking and the Anthropology of the Knowing Subject*, Chicago: The University of Chicago Press.（河野純治訳, 2014,『ホーキング Inc.』柏書房.）

Nishida, A., 2017, "Relating through Differences: Disability, Affective Relationality, and the U.S. Public Healthcare Assemblage," *Subjectivity*, 10(1): 89–103.

田中耕一郎, 2024,「障害から始まるが、障害では終わらない――批判的障害学によって拓かれ、繋がる領野」障害学会 20 周年記念事業実行委員会編『障害学の展開――理論・経験・政治』明石書店, 30–52.

辰己一輝, 2021,「2000 年代以後の障害学における理論点展開／転回――『言葉』と『物』、あるいは『理論』と『実践』の狭間で」『共生学ジャーナル』5: 22-48.

―――, 2022,「『社会モデル』以後の現代障害学における『新たな関係の理論』の探究」『思想』1176: 46-64.

Taylor, S., 2017, *Beasts of Burden: Animal and Disability Liberation*, New York: The New Press.（今津有梨訳, 2020,『荷を引く獣たち――動物の解放と障害者の解放』洛北出版.）

天畠大輔, 2022,『しゃべれない生き方とは何か』生活書院.

Vehmas S. & N. Watson, 2016, "Exploring Normativity in Disability Studies," *Disability & Society*, 31(1): 1–16.

Wendell, S., 1997, *The Rejected Body: Feminist Philosophical Reflections on Disability*, London: Routledge.

油田優衣, 2022,「先天性障害当事者の『治療』をめぐる葛藤――SMA（脊髄性筋萎縮症）当事者へのインタビューを通じて」『障害学研究』18: 88-114.

【著者プロフィール】

Dan Goodley（ダン・グッドリー）

イギリス・シェフィールド大学教授。専門は障害学。従来の障害学理論を
問い直す批判的障害学（CDS: Critical Disability Studies）の旗手であり、
Dis/Ability Studies（Routledge）、*Disability Studies*（Sage）など著書多数。

【訳者プロフィール】

石島健太郎（いしじま・けんたろう）

東京都立大学准教授。専門は障害学、福祉社会学。単著に『考える手足』（晃
洋書房）、共編著に『戦後日本の貧困と社会保障』（東京大学出版会、近刊）、
共訳書に『21世紀を生きるための社会学の教科書』（筑摩書房）など。

the Knowing Subject, Chicago: The University of Chicago Press.（河野純治訳, 2014,『ホーキング Inc.』柏書房.）

Nishida, A., 2017, "Relating through Differences: Disability, Affective Relationality, and the U.S. Public Healthcare Assemblage," *Subjectivity*, 10(1): 89–103.

田中耕一郎, 2024,「障害から始まるが、障害では終わらない──批判的障害学によって拓かれ、繋がる領野」障害学会 20 周年記念事業実行委員会編『障害学の展開──理論・経験・政治』明石書店, 30–52.

辰己一輝, 2021,「2000 年代以後の障害学における理論点展開／転回──『言葉』と『物』、あるいは『理論』と『実践』の狭間で」『共生学ジャーナル』5: 22-48.

───, 2022,「『社会モデル』以後の現代障害学における『新たな関係の理論』の探究」『思想』1176: 46-64.

Taylor, S., 2017, *Beasts of Burden: Animal and Disability Liberation*, New York: The New Press.（今津有梨訳, 2020,『荷を引く獣たち──動物の解放と障害者の解放』洛北出版.）

天畠大輔, 2022,『しゃべれない生き方とは何か』生活書院.

Vehmas S. & N. Watson, 2016, "Exploring Normativity in Disability Studies," *Disability & Society*, 31(1): 1–16.

Wendell, S., 1997, *The Rejected Body: Feminist Philosophical Reflections on Disability*, London: Routledge.

油田優衣, 2022,「先天性障害当事者の『治療』をめぐる葛藤──SMA（脊髄性筋萎縮症）当事者へのインタビューを通じて」『障害学研究』18: 88-114.

【著者プロフィール】

Dan Goodley（ダン・グッドリー）

イギリス・シェフィールド大学教授。専門は障害学。従来の障害学理論を問い直す批判的障害学（CDS: Critical Disability Studies）の旗手であり、*Dis/Ability Studies*（Routledge）、*Disability Studies*（Sage）など著書多数。

【訳者プロフィール】

石島健太郎（いしじま・けんたろう）

東京都立大学准教授。専門は障害学、福祉社会学。単著に『考える手足』（晃洋書房）、共編著に『戦後日本の貧困と社会保障』（東京大学出版会、近刊）、共訳書に『21世紀を生きるための社会学の教科書』（筑摩書房）など。

DISABILITY AND OTHER HUMAN QUESTIONS
by DAN GOODLEY

Copyright © 2021 Dan Goodley
This translation of Disability and Other Human Questions by Dan Goodley
is published under licence from Emerald Publishing Limited of Floor 5,
Northspring,21-23 Wellington Street, Leeds, LS1 4DL, UK.
through Japan UNI Agency, Inc., Tokyo

障害から考える人間の問い
2024年9月30日　第1版第1刷発行

著者　　ダン・グッドリー
訳者　　石島健太郎
発行者　菊地泰博
発行所　株式会社現代書館
　　　　〒102-0072 東京都千代田区飯田橋 3-2-5
　　　　電話 03-3221-1321　FAX 03-3262-5906
　　　　振替 00120-3-83725
　　　　http://www.gendaishokan.co.jp/
組版　　プロ・アート
印刷所　平河工業社 (本文)
　　　　東光印刷所 (カバー)
製本所　鶴亀製本
装幀　　木下悠

校正協力：渡邉潤子
Translation Copyright © 2024 ISHIJIMA　Kentaro
ISBN978-4-7684-3604-2
定価はカバーに表示してあります。乱丁・落丁本はおとりかえい
たします。

本書の一部あるいは全部を無断で利用 (コピー等) することは、著作権
法上の例外を除き禁じられています。但し、視覚障害その他の理由で活
字のままでこの本を利用できない人のために、営利を目的とする場合を
除き、「録音図書」「点字図書」「拡大写本」の製作を認めます。その際
は事前に当社までご連絡ください。また、活字で利用できない方でテキ
ストデータをご希望の方はご住所・お名前・お電話番号・メールアド
レスをご明記の上、右下の請求券を当社までお送りください。

活字で利用できない方のための
テキストデータ請求券
『障害から考える
人間の問い』

土屋葉 編著

障害があり女性であること
――生活史からみる生きづらさ

障害がある女性48名の生活史から、これまで言葉にされてこなかった「生きづらさ」の断片を描く。教育・職場・医療現場などで受けた深刻なハラスメントや、性暴力被害、恋愛・結婚・出産・育児などの困難経験も明らかにしていく。

2500円＋税

反トランス差別ブックレット編集部 編

われらはすでに共にある
――反トランス差別ブックレット

2022年に刊行された反トランス差別ZINEの増補版。現実に即さないトランスジェンダー像が広められ、恐怖と不安が煽られる状況に抵抗するために。複雑で多様な声を知るために、まず手に取りたい1冊。巻末には映画・書籍のガイド付き。

1000円＋税

ジョン・マクレー 著／長瀬 修 監訳／古畑正孝 訳

世界を変える知的障害者：ロバート・マーティンの軌跡

親の虐待、精神遅滞児施設での放置、暴力に苦しみ、何もわからない無価値の存在と思われていた一人のニュージーランド人が、声を持って語りはじめ、「人」として認められ国際社会を動かすまでの感動の物語。

2200円＋税

ジュディス・ヒューマン、クリステン・ジョイナー 著／曽田夏記 訳

わたしが人間であるために
――障害者の公民権運動を闘った「私たち」の物語

自立生活運動の世界的リーダー・ジュディが「障害者の公民権法」成立の舞台裏や、政府・世界銀行で要職を務めた日々、そして、差別と闘いを続ける今日までを描く。ジュディが他の障害者とともに進めてきた歩み、「私たち」の物語でもある。

2500円＋税

杉本 章 著

【増補改訂版】障害者はどう生きてきたか
――戦前・戦後障害者運動史

従来の障害者福祉史の中では抜け落ちていた、障害をもつ当事者の生活実態や差別・排除に対する闘いに焦点をあて、戦前から現在までの障害者の歩みを綴る。障害者政策を無から築き上げたのは他ならぬ障害当事者であることを明らかにした。

3300円＋税

佐藤幹夫 著

津久井やまゆり園「優生テロ」事件、その深層とその後

2016年7月26日未明、神奈川県相模原市の障害者施設「津久井やまゆり園」で、利用者と職員45名が殺傷された。事件が深層で問いかけるものは何か。「戦争と福祉と優生思想」を主題に、徹底した考察を加えた、著者最大の野心作。

3200円＋税

小松美彦・市野川容孝・堀江宗正 編著

〈反延命〉主義の時代
――安楽死・透析中止・トリアージ

「延命」はもとより医学の当為だが、それに異を唱える潮流が〈反延命〉主義として現れ、「死なせる医療」が罷り通っている。世界で広がる安楽死合法化、公立福生病院事件、コロナ禍のトリアージ論などを題材に、11名の書き手が集結。

2200円＋税

（定価は二〇二四年九月一日現在のものです。）